서민갑부

— 땀내 나게 일하고 짠내 나게 돈 버는 거리의 천만장자 —

채널A 〈독한인생 서민갑부〉 제작팀 지음

동아일보사

프롤로그·

부자를 꿈꾼다면 이들처럼

　　1000원짜리 국수를 파는 사람을 부자라고 생각한 적 있으세요? 그렇게 생각한 적 없다면 여러분이 생각하는 부자는 어떤 사람일까요? 요즘 서점에 가면 부자들의 삶이나 노하우를 다룬 책이 참 많습니다. 우리 세대에서 부(富)는 많은 사람의 관심사이기 때문입니다. 젊은 회사원, 주부, 학생들까지 부를 축적하는 것이 삶의 목표가 됐습니다. 공교롭게도 이 책도 부자들의 삶을 다뤘습니다. 하지만 이 책에는 고급 승용차나 초호화 주택, 휘황찬란한 명품이 등장하지 않습니다. 이 책에는 우리 곁에서 쉽게 볼 수 있는 사람이 등장합니다. 시장에서 묵묵히 고기를 다듬고, 덕장에서 황태를 널고, 숯불 앞에서 돼지갈비를 구워 파는 사람의 이야기입니다.

　　실제로 이들의 삶을 들여다보면 부자의 생활과는 거리가 있습니다. 아직도 구멍 난 양말을 신고 여기저기 터진 패딩 점퍼를 본드로 붙여 입고, 그 흔한 메이커 옷도 사치라고 생각합니다. 그런데 왜 그들에게 서민갑부라는 수식어를 붙였을까요? 무엇보다 꿈이 있고, 사람 냄새가 나기 때문입니다. 돈을 많이 가진 것과 잘사는 것은 다릅니다. 이 책에 소개된 사람들은 그들의 삶을 스스로 반짝이게 할 수 있는 능력을 가지고 있습니다. 어마어마한 빚과 각종 시련 속에서도 포기하지 않고 쌓아온 노하우로 그들의 삶을 윤기 나게 한 사람입니다.

지금 대한민국은 끊임없이 무엇인가를 강요당하고 있습니다. 우리의 몸과 마음을 지치게 합니다. 그럴 때마다 우리에게는 우리를 위로해줄 수 있는 어떤 것이 필요합니다. 하지만 그것을 찾는 게 쉽지 않습니다. 먹고사는 것에 치여 마음 한구석을 서로 보듬어줄 시간이 없기 때문입니다. 그래서 이 책에 소개된 서민갑부들의 사연

서민갑부

이 소중합니다. 먼저 인생의 쓴맛을 본 사람들의 따뜻한 말은 우리에게 큰 위안이 되기 때문입니다.

혹독한 시련을 이기고 밑바닥까지 내동댕이쳐진 인생을 다시 일으켜 세운 이 책의 주인공들에게는 배울 점이 많습니다. 그래서 우리는 서민갑부라는 이름을 붙였습니다. 그들은 갑부이기 이전에 서민 그러니까 지금 우리 곁에서 묵묵히 자신의 일을 하고 있는 우리와 같은 사람입니다. 그들이 묵묵하게 일궈낸 황금빛 결과물이 당신에게도 큰 힘이 되었으면 좋겠습니다.

· 차례 ·

프롤로그 | 부자를 꿈꾼다면 이들처럼 · 005

1부 | 사람 장사가 남는 장사
---

1. **부자들의 부자** _ 담양 돼지갈빗집 김갑례 · 015

    돈보다 사람이 우선이다 · 분당 6000원의 매출 · 부자 사관학교 교장 김갑례 · 내가 참말로 성공해서 갚을랑께, 용서하쇼 · 30년 지켜온 고집 · 노하우는 비밀이 아니다 · 진심을 다하면 배로 돌아온다 · 재능은 나눠야 맛이다

    갑부의 비밀 사전 김갑례 사장의 실패하지 않는 돼지갈빗집 경영법

2. **영하 10도에서 황금을 널다**

    _ 강원도 인제 용대리 황태 덕장 김재식, 치양희 부부 · 041

    할반지통(割半之痛) · 용대리 최고의 황태 갑부 · 한 뼘 두 뼘이 만든 기적 · 죽기 살기로 · 우리가 뭐 겁낼 게 있나? · 나는 당신 곁에서, 당신은 내 곁에서

    갑부의 비밀 사전 용대리 황태 갑부의 단기 목표 설정법

3. **1000원짜리 국수의 반전**

    _ 인천 모래내시장 국수 가게 박민수, 권정임 부부 · 069

    시련은 예고 없이 · 모래내시장 제일 부자 · 맛있는 소리 가득한 가게 · 사람 장사가 남는 장사 · 장인정신? 장인어른 정신! · 제대로 만들면 알아서 찾아온다 · 마음이 부자여야 진짜 부자지

    갑부의 비밀 사전 인천 모래내시장 국수 갑부 부부의 박리다매 성공법

2부 | 틈새 장사가 알짜 장사

4. 新 봉이 김선달, 28억 빚쟁이에서 90억 자산가가 되다
_ 양평 더덕 사업가 조남상 • 097

죽고자 결심한 날 살고자 했다 • 봉이 김선달? 양평의 조남상! 인생은 마이너스와 플러스 게임 • 그래도 살 구멍은 있다 • 땅이 좋으면 다 된다 • 산만 잘 알아도 먹고살 수 있다 • 괜찮다, 다 괜찮다 • 거저 되는 것은 없다, 해서 안 되는 것도 없다 • 거친 돌밭에 핀 꿈

갑부의 비밀 사전 용문산 봉이 김선달의 위기 관리법

5. 3000원 칼갈이로 수십억 자산을 모으다
_ 노량진 수산시장 대장장이 전만배 • 127

개밥 먹으며 자란 소년 • 3000원의 기적 • 프로의 칼날 같은 원칙 • 칼마다 사연이 깃들어 있다 • 칼갈이의 외도 • 쌍가락지에 얽힌 사연 • 반격의 시작 • 남들이 피하는 일을 하라 • 누구나 성공할 수 있다

갑부의 비밀 사전 노량진 칼갈이 갑부 전만배 씨의 자기 관리법

6. 가발 하나로 영등포 제일 부자가 되다
_영등포 가발 전문가 장만우 • 153

누구에게나 비밀은 있다 • 시간을 되돌리는 마법의 주문 • 갑부가 일하는 법 • 처음부터 잘되는 것은 없다 • 성공은 이겨내는 사람의 몫이다 • 생각을 바꾸면 세상도 바뀐다 • 직업을 숭배한다는 것 • 형제는 반짝인다 • 무엇과도 바꿀 수 없는 것 • 인생이 바뀐 게 아니라, 내가 바꾼 겁니다

갑부의 비밀 사전 가발 전문가 장만우 사장의 고객 관리법

7. 미생들의 꿈, 영업맨에서 70억 자산가가 되다
_샌드위치 사업가 정주백 • 181

사표를 내는 순간 지옥문이 열린다 • 샌드위치의 제왕 • 쪽박 찬 영업왕 • 메모의 기적, 쓰면 이루어진다 • 샌드위치 왕의 20평 빌라 • 인생에 찾아온 두 번의 기회 • 10년은 버텨야 길이 보인다

갑부의 비밀 사전 샌드위치 갑부의 인생 2막 설계 비법

3부 | 노력 앞에 장사 없다

---

8. 백만장자가 된 선녀와 만두꾼
_ 원주 만두 가게 권태중, 김선녀 부부 • 207

백만장지의 긍둥침 • 신녀와 만누꾼의 속사성 • 그 세월 어떻게 말로 다 하나 • 부지런한 부자는 하늘도 막지 못한다 • 가족의 백 년을 생각하는 마음 • 부부의 황금빛 로맨스

갑부의 비밀 사전 대박 만두 가게 권태중, 김선녀 사장의 오래가는 가게 비법

9. 마장동 축산물시장의 전설, 칼잡이 마누라
_ 마장동 정형사 장미란 • 231

마장동 3대 여장부 • 여장부의 억 소리 나는 매출 • 마장동에 뿌리내리다 • 여자의 손을 내려놓다 • 일은 칼같이 이왕이면 즐겁게 • 여장부의 재테크 • 주어진 복인데 어쩔 수 없지, 열심히 하는 수밖에

갑부의 비밀 사전 마장동 고기 갑부 장미란 씨의 재테크 비법

10. 억척 어멈과 보물 반찬 가게
_ 청주 반찬 가게 허미자 • 255

누구에게나 삶은 고되다 • 청주 시장 억척 어멈 • 마누라 고생이야 내가 알지 • 순탄하기만 하면 그게 인생일까 • 돈을 모시면 탈 나는 법이여 • 엄마, 엄마, 엄마 • 그녀의 비법 노트 • 지독했던 시간이 주는 선물

갑부의 비밀 사전 청주 반찬 가게 미자 씨의 시장 바닥 성공 비법

에필로그 | 부자 바이러스 • 283

서민갑부
PART 1

사람 장사가 남는 장사

담양 돼지갈빗집 김갑례 ·

강원도 인제 용대리 황태 덕장 김재식, 최양희 부부 ·

인천 모래내시장 국수 가게 박민수, 권정임 부부 ·

부자들의 부자

담양 돼지갈빗집 김갑례

일희일비하지 말아야 해.
준비하고 기다리다 보면 그게 돼.
할 만큼 하고 기다리다 보면 다 돼.

돈보다 사람이 우선이다

20년 전, 여자는 담양의 유명한 떡갈비 식당 앞에 한참을 서 있었다. 혹시나 떡갈비 비법 양념을 조금 배울 수 있을까 싶어 용기를 내서 찾아갔지만, 돌아온 것은 비난뿐이었다. 몇 군데를 찾아가 사정해봐도 비법을 알려주는 가게는 아무 데도 없었다. 어떻게든 먹고살아야 했기 때문에 자존심은 이미 버린 지 오래였다. 하지만 사람들은 냉정했다. 죽는다고 울고불고 빌어도 눈 하나 깜짝하지 않았다. 어떻게 사람이 사람에게 이렇게 비정할 수가 있을까, 갑례 씨는 사람이 무서웠다. 그래도 그녀는 혹시나 자신에게 비법을 전수해줄 사람이 있지 않을까 하는 작은 희망을 갖고 계속 식당을 찾아다녔다.

"저리 가! 어디 남의 비법을 공짜로 먹으려고. 얼른 저리 안 가? 재수 없게."

그렇게 몇 날 며칠을 온 동네를 돌아다니다 결국 빈손으로 가게로 돌아왔다. 손님 없이 텅 빈 가게가 그녀의 눈에 들어왔다. 어떻게 차린 가게인데, 망하는 것을 잠자코 지켜볼 수는 없었다. 그래서 팔을 걷어붙였다. 잠을 줄이고, 혀가 마비될 때까지 갈비 양념 만들기에 몰두했다. 실패해도 포기하지 않았다. 아니 포기할 수가 없었다. 마냥 세상 탓만 할 수도 없었다. 시간이 흐르고 그녀는 결국 성공했다. 뒤돌아보면 가슴 한쪽이 시린 시간들이다. 비단 고되고 가난했던 삶 때문이 아니라 자신을 냉정하게 내쳤던 사람에게 받은 상처 때문이었으리라. 시간이 흐르고 스스로 성공했다는 생각이 들 때쯤 그녀는 다짐했다.

'나 같은 사람에게 손을 내밀어주자, 돈보다 사람이 우선이다.'

그녀가 바로 부자들의 부자, 담양 최고의 알부자 김갑례 씨다.

분당 6000원의 매출

많은 사람이 부자가 되기를 꿈꾼다. 서점 가판대에는 부자의 성공 비법을 담은 책이 수십 년간 베스트셀러로 자리하고 있고, 부자가 되는 법을 가르친다는 부자학이 유행하기도 했다. 성공은 멀리 있는 것 같고, 나만 모르는 비법이 따로 있을 것 같다는 생각에 저마다 시간과 돈을 투자하지만 만족할 만한 답을 찾은 사람은 많지 않다. 이런 사람에게 갑례 씨는 말한다.

"염병들 하고 앉았네. 배우기만 하면 다 되남. 우리는 한눈팔지 않고 열심히 하잖아. 이것만 죽어라고 파니까 잘되는 거지. 발로 뛰는 거야. 그냥 가만히 있다고 부자가 되간디?"

점심때가 되자 허름한 동네에 사람들이 모여들었다. 놀랍게도 한적했던 골목이 순식간에 시끌벅적해졌다. 사람들은 하나같이 입구가 비좁은 한 식당으로 향했다. 가게 앞은 그야말로 장사진을 이뤘다. 사람들을 따라 식당 안으로 들어가 좁고 길쭉한 입구를 지나니 엄청난 규모의 실내가 펼쳐졌다.

갑례 씨의 가게는 참 독특하게 생겼다. 밖에서는 작은 듯 보여도 들어선 순간 마치 기차처럼 이어지는 독특한 구조. 여기에는 사연이 있다. 갑례 씨가 처음 식당을 열 때만 해도 식당과 양복점, 다방까지 한 지붕 아래 영세 업체 세 곳이 세 들어 살았다. 그런데 갑례 씨의 가게가 점점 번창했고, 월세를 내고 빌려 쓰던 점포를 매입하고, 양복점 자리를 사서 더 넓히고 다방과 함께 뒷 건물까지 사들여 지금의 길쭉한 모양이 됐다. 가게 뒤에는 축구장만 한 주차장까지 갖췄다. 갑례 씨는 카운터에 앉아 모니터를 확인하며 수십 개 테이블 상황을 진두지휘했다. 가게에 손님이 들어서자마자 좌석 배정은 물론 주문까지 일사천리로 이루어졌다.

"돼지갈비 하나만 하니까 가능한 일이여."

단일 메뉴를 고집하는 유명한 집들은 그만큼 맛에 대한 자부심이 있다. 갑례 씨 식당에는 독특한 장소가 하나 있다. 화덕이 길게 늘어선 곳인데, 손님들은 돼지갈비를 직접 굽지 않아 수고로움을 덜고 몸에 고기 굽는 냄새 밸 걱정 또한 없어 그야말로 손님을 위한 맞춤형 시스템이다. 담양의 명물인 떡갈비 굽듯 돼지갈비를 구워 일명 '담양식 돼지갈비'라고 불리는 이 시스템을 고안해낸 것도 갑례 씨다. 양념은 깊숙이 배고 육즙은 빠지지 않게 구워내지만 아무리 잘 구워도 식으면 맛이 없기 때문에 개발한 방법이다.

"큰 접시에는 2인분, 작은 접시에는 1인분을 담아. 3인분을 시키면 먼저 2인분을 상에 올리고 나중에 1인분은 나중에 올려. 한 번에 올리면 식어버리니까 따뜻하게 드실 수 있게끔 나눠서 주는 거여."

갑례 씨의 가게에서는 돼지갈비를 미리 초벌구이해놓는다. 이렇게 하면 손님은 옷에 고기 냄새가 배지 않아 좋고, 식당은 더 많은 손님을 받을 수 있어 좋다.

갑례 씨는 CCTV로 손님들 접시 사정까지 손바닥 보듯 훤히 들여다본다. 고기를 추가로 주문할 때쯤 되면 손님이 부르지 않아도 다가가서 주문을 받는다. 주말 점심 2시간 동안에 온 손님이 285명, 한 사람당 1인분을 주문했다고 단순히 계산해봐도 335만 원 정도, 재료비와 인건비, 부대 비용을 뺀 순수익을 20%만 잡아도 74만 1000원, 갑례 씨의 가게는 시간당 37만 원, 분당 6000원이 넘는 매출을 올렸다. 갑례 씨는 손님의 편의를 위해 두 차례에 걸쳐 주차장 부지를 사들여 지금의 규모로 만들었다.

"주차장이 제일 필요하잖아. 파출소도 옆에 있는데, 손님들이 1인분에 1만 3000원짜리 밥 먹으러 왔다가 딱지 떼이면 얼마나 손해여. 그럼 안 되지, 손님 떨어지지."

위 왼쪽부터 시계 방향으로 갑례 씨의 식당 주차장, 가게, 건물 그리고 새로 지은 3층 집.

갑례 씨는 늘 손님을 먼저 배려한다. 그래서 그녀의 갈비에도 손님에 대한 배려가 깃들어 있다.

갑례 씨의 가게는 날씨와는 상관없이 늘 사람들로 북적였다. 제아무리 문전성시를 이루는 집이라도 궂은 날에는 손님이 뜸한데, 갑례 씨의 가게는 여전히 분주하게 돌아간다. 갑례 씨 가게의 매출은 당일 아르바이트 인건비를 제외하고 하루 1186만 원을 올렸다. 돼지갈비 하나로 월 매출 1억 7600만 원, 여름철 성수기를 감안하면 1년에 약 25억 원이 넘는 매출을 올린다. 여기에 갑례 씨가 보유한 부동산을 종합해보면 660m^2의 가게, 3300m^2의 주차장, 길 건너편 창고로 쓰는 건물 두 채까지 대략 10억 원이 좀 넘는 규모다. 그녀의 총 자산은 32억 정도로 추산된다.

◆ 돼지갈빗집 연 매출

주말 하루 매출 약 1200만 원, 평일 하루 매출 약 400만 원
한 달 매출 1200만 X 8 + 400만 X 20 = 약 1억 7600만 원
여름철 성수기 + a = 약 4억 원
= 연 매출 약 25억 원!

부자 사관학교 교장 김갑례

갑례 씨는 가게가 한가한 틈을 타 가게 2층으로 향했다. 갑례 씨의 집은 식당 2층에 하나 그리고 새로 지은 3층집 이렇게 두 채였다. 집 내부는 생각보다 소박했다. 호사를 부린 것이라고는 고가의 안마의자 한 대가 전부였다. 불필요한 세간 하나 없이 그저 단출하기만 했다. 갑례 씨는 가방을 하나 꺼냈다. 살림살이에 맞지 않게 갑례 씨가 꺼낸 가방은 세계적인 브랜드에서 출시한 1000만 원을 호가하는 명품이었다.

"옛날에 어떤 분이 갈비 양념 만드는 것을 배워가셨거든, 아니 세상에 그랬더니 이렇게 비싼 그 뭐시냐, 명품을 다 사가지고 왔당께."

갑례 씨는 자신을 찾아오는 사람들을 부자로 만들어주는 것으로 유명하다. 18년 전 갑례 씨를 만났기 때문에 현재의 자신이 있다고 말하는 한 사장은 주말이면 1000명의 손님이 다녀갈 정도로 큰 매출을 자랑하는 식당을 경영하고 있다. 전국적으로 갑례 씨의 손을 거쳐 간 사람들만 해도 100명이 넘었다. 그중 3분의 1은 부자가 됐다. 그녀의 손을 거친 사람들은 한결같이 장사로 갑례 씨를 따라갈 사람이 없다고 입을 모았다.

사람들의 사연도 각양각색이었다. 영광에서 갈빗집을 하는 김 사장은 본래 운수업을 하다가 10년 전, 갑례 씨 밑에서 가르침을 받은 뒤 성공가도를 달리기 시작했고, 휴대폰 판매를 하던 임 사장도 갑례 씨의 가르침을 받고 늘어난 수입에 행복한 비명을 지른단다. 갑례 씨는 한 달에 30만~40만 원이던 매출의 가게를 200만~300만 원 수준으로 올려놓기도 했다. 그녀는 자신을 찾아오는 사람들에게 처음부터 끝까지 모든 것을 숨기지 않고 가르쳐주고, 손님에게 어떻게 처신하는지까지 모두 다 알려준다. 사람들의 말이 사실이라면 갑례 씨는 최고의 자선가이자 사업 컨설턴트다.

만도 그룹의 오상수 대표는 자신의 발자국이 뒷사람의 이정표가 될 것이라고 말했다. 갑례 씨는 그 말을 몸소 실천하고 있다. 가게의 비법을 알려주면 어떻게 하냐는 주변의 반응에 갑례 씨는 이렇게 말했다.

"아이고 알려줘도 괜찮아. 자기 운으로 노력해서 먹고살고 다 그러는 거야. 배운다고 가만히 앉아서 돈 버남. 그만큼 잠도 못 자고 뼈가 삭고 사리가 생길 정도로 일해야 성공하는 거지."

가방 선물은 시작에 불과했다. 갑례 씨의 장롱 깊숙한 곳에는 진주 목걸이 같은 보석류와 고가의 장신구 등 평생 사치를 모르고 살아온 그녀와 좀체 어울리지 않는 값비싼 물건이 가득했다.

그런데도 그녀는 시장에서 파는 옷을 즐겨 입는다. 그녀는 남들한테는 한없이 나눠도 자신에게는 돈을 허투루 쓰지 않는다.

나가 참말로 성공해서 갚을랑께, 용서하쇼

갑례 씨는 26세의 꽃다운 나이에 경우 씨를 만나 결혼했다. 지금의 남편이다. 하지만 갑례 씨는 경우 씨에게 직장이 없다는 것을 뒤늦게 알게 됐다. 남편은 장사를 하고 싶었지만 밑천이 없었다. 갑례 씨는 용기를 내 친정아버지께 손을 벌렸다.

"저 왔어요."

"갑례 왔어?"

갑례 씨는 자신을 반갑게 맞이하는 아버지에게 고개를 들 수 없었다.

"돈 좀 꿔주세요."

아버지의 얼굴이 붉게 달아올랐다.

"니 밑으로 동생이 일곱이여, 일곱."

아버지는 갑례 씨를 모질게 대했다. 친정집도 그리 형편이 좋지 않았다. 하지만 갑례 씨는 멀리 이곳 친정까지 와서 그냥 돌아갈 수는 없었다. 당장에 눈앞이 막막하다보니 앞뒤 가릴 처지가 아니었다. 결국 그녀는 죄를 저질렀다. 방으로 몰래 들어가 돈을 꺼내 집을 나섰다.

"나가 참말로 성공해서 갚을랑께, 용서하쇼."

100만 원짜리 단칸방에 살던 시절, 400만 원은 엄청난 액수였다.

더구나 동생들 등록금이 포함된 돈이었다. 그녀는 무엇보다 자신을 믿어주었던 어머니에게 너무 미안했다.

갑례 씨의 남편은 그 돈으로 다방을 차렸다. 목도 좋아서 잘될 것 같은 예감이 들었다. 주변에 큰 예식장이 있어 커피는 심심치 않게 팔렸고 단골손님도 제법 늘었다. 잘 풀리나 싶은 것도 잠깐, 갑례 씨에게 큰 시련이 기다리고 있었다. 남편은 큰돈을 벌 수 있다는 꾐에 넘어가 도박에 빠져들었다. 남편은 화투 놀음에 미쳐 다방 일까지 뒷전으로 미뤄두었다. 갑례 씨는 몇 번이고 화투판으로 남편을 찾아갔지만 남편은 그런 갑례 씨를 그냥 돌려보냈다. 그녀는 화투판 앞에서 남편을 기다리며 하염없이 울었다. 동생들의 등록금까지 모조리 가지고 온 돈으로 차린 다방인데 부실한 운영으로 이자는커녕 본전을 갚을 길도 없었다. 갑례 씨는 그 후로 한동안 친정집 근처에도 가지 못했다. 결국 다방은 빚만 떠안은 채 10개월 만에 문을 닫았다. 할 줄 아는 것이라곤 친정엄마 밑에서 배운 식당 일이 전부였던 갑례 씨는 할 수 없이 일숫돈에 외상으로 재료를 들여와 식당을 시작했다. 손님들이 먹고 남긴 밥으로 한 끼를 때우는 일도 다반사. 그녀는 더 악착같이 일했다.

"새 밥 퍼서 먹으면 아깝지. 누가 남긴 밥 내가 먹어버리고 손님한테는 한 그릇이라도 더 팔아야지. 처량하다 어쩐다, 그런 생각하고 있을 때가 아니었제."

30년 지켜온 고집

외상에 일숫돈까지 얻어 차린 갑례 씨의 식당은 파리만 꼬였다. 텅 빈 가게를 보며 사는 게 정말 못할 노릇이구나, 그녀는 생각했다. 어떻게 해도 길이 보이지 않았다. 손님이 없어서 국 한번 떠보지 못하고 장사를 접은 날도 허다했다.

"형님, 식사 뭐 하실래요?"

"야, 담양까지 왔으면 떡갈비 먹어야지. 떡갈비로 하자."

하도 장사가 안 돼 길에 사람들이 없나 싶어서 가게 앞에 나왔는데, 그 앞에서 나누는 사내들의 대화가 그녀의 귀에 들어왔다. 그녀는 얼른 가게로 들어와 정육점에 전화를 걸었다.

"지가 떡갈비 장사를 해볼라고 하는디요. 요새 소고기 한 근에 얼마나 한다요?"

그녀는 가격을 듣고 그냥 수화기를 내려놓았다. 그녀의 형편으로는 떡갈비 만드는 데 쓸 소고기를 살 수 없었다. 결국 장사를 포기해야 하나 싶어 좌절하고 있을 때 번뜩 한 가지 생각이 그녀의 머릿속에 지나갔다. 소고기만 고기인가, 그래 돼지고기로 한번 해보자. 떡갈비 양념 비법을 배워 돼지갈비를 재운다면 승산이 있을 것 같았다. 문제는 양념이었다. 그녀는 얼른 떡갈비로 유명한 식당을 찾아갔다. 하지만 그녀가 당한 것은 수모뿐이었다.

갑례 씨는 어떻게든 살기 위해 자존심도 버리고 양념 비법을 알려달라 사정했지만 얻을 수 있는 것은 아무것도 없었다. 갑례 씨는 지금도 그때를 생각하면 가슴이 미어지고 쓰렸다. 결국 스스로 부딪쳐보기로 했다. 가게 영업을 마치면 새벽까지 연구에 연구를 거듭했다. 값비싼 재료는 못 써도, 최고의 맛을 낼 수 있도록 자신만의 조리법을 만들었다. 손님들에게 면박당하기를 수차례. 하지만 갑례 씨는 굴하지 않고 연구를 이어갔다. 그러던 어느 날 친정어머니가 돌아가셨다는 소식을 전해 들었다. 겨우 가게가 자리를 잡을 즈음이었다. 그녀는 주방에 쭈그려 앉아 울면서도 가게 문을 닫지 못했다. 독하다는 말도 수없이 들었다. 갑례 씨는 친정어머니를 장지에 모시는 날까지 가게를 열었다. 뒤늦게라도 반드시 성공하는 것이 엄마에게 할 수 있는 마지막 도리라고 생각했다. 혀를 깨물어가며 독하게 장사를 하니 손님들의 반응도 조금씩 나아지기 시작했다.

갑례 씨의 출근 시간은 오전 6시다. 천재지변을 제외하고 한 번도 어긴 적이 없다. 남들 눈에는 별 것 아닌 것 같아도 그녀는 30년째 지켜왔다. 혹시나 올 수도 있는 손님을 위해 늘 가게 문이 열려있어야 하고, 항상 준비가 되어 있어야 하며, 동네에서 문을 제일 먼저 여는 가게, 그녀의 철학이었다.

억대 연봉을 받는 성공한 세일즈맨이 성공 비법을 이야기한 적이 있다. 비법은 생각보다 간단했다. 바로 '플러스 원' 법칙이었다. 남들보다 하나 더, 남들보다 한 시간 더, 남들보다 한 군데 더, 무조건 남들보다 하나씩만 더 하기 위해 노력한다면 성공한 사람이 될 수 있다고 이야기했다. 쉬운 것 같지만 결코 쉬운 일이 아니다. 남들보다 하나를 더 하기 위해 둘, 셋의 노력을 해야 하기 때문이다. 항상 준비가 돼 있는 가게를 만들기 위한 갑례 씨의 노력도 이와 일맥상통한다. 찾아온 손님이 불편하지 않도록 하나 더 정성을 더 기울이는 것, 그게 그녀만의 비법이다.

오늘도 갑례 씨는 열 개의 화덕에 숯불을 피우며 하루를 시작한다. 남편 경우 씨도 옆에서 거든다. 점심까지는 아직 멀었지만 초벌구이를 미리 해놓아야 하기 때문에 새벽부터 하는 일이다. 워낙 많은 손님이 찾는 곳이기 때문에 한 사람이라도 헛걸음을 하지 않게 하려고 미리 준비하는 것이다.

노하우는 비밀이 아니다

갑례 씨 가게에서는 매일 250kg의 갈비를 소비한다. 갑례 씨는 갈빗살부터 삼겹 부위까지 통째로 저민 '통갈비'를 사용한다. 그래야 고기가 연하고 맛있다고 한다.

몇 년 전만 해도 갑례 씨는 가게 일을 마치고 직접 갈비를 저몄다. 지금은 고기 전담 직원을 둬서 그나마 일손을 좀 덜었다. 그녀는 손질된 고기에 육수를 부었다. 양념 재우는 것만큼은 여전히 갑례 씨가 직접 했다. 이렇게 양념에 재운 갈비는 저온에서 하루 동안 숙성시킨다. 설거지를 하던 직원이 갑례 씨의 부름에 불 앞에 앉았다.

"요놈을 짜글짜글 올려줘부러. 옳지 그렇게."

갑례 씨 식당에는 직원 스무 명이 한솥밥을 먹고 있다. 사연은 제각각이지만 부자가 되고 싶은 꿈은 모두 같다. 직원들은 각자 자신 앞에 닥친 어려운 일을 헤쳐나가고자 모인 사람들이었다.

갑례 씨는 짬날 때마다 모든 직원에게 자신의 노하우를 전수했다. 고기 배치부터 불 조절까지 쉬워 보여도 만만치 않은 기술이다.

"자 이거는 익었으니까 저리로 포개주고, 거기가 타니까 새것을 얹어줘야 돼."

갑례 씨는 집게로 숯불을 꾹꾹 눌렀다.

"불이 자기 자리로 들어가게끔 떡 해줘야 돼."

직원이 집중해서 갑례 씨의 손놀림을 바라봤다.

"그럼 불꽃이 잦아지잖아. 이렇게 얹어주면 돼."

설거지 담당 직원은 일한 지 채 한 달도 되지 않았다. 갑례 씨는 가게 운영 노하우를 친절하고 세세하게 하나씩 직원에게 알려줬다. 갑례 씨 역시 시행착오가 많았다. 하지만 숱하게 경험한 실패는 결국 노하우가 됐고, 그녀는 그 기술을 어려운 사람들과 나누고자 노력한다.

　식당 운영 경력 30년이지만 갑례 씨는 아직도 요리 강좌를 쫓아다니는 공부벌레다. 손님에 대한 정성은 아무리 강조해도 지나치지 않다는 그녀는 늘 새로운 반찬 만들기에 도전한다. 단골손님을 위해서라도 똑같은 밑반찬을 내는 일은 절대 하지 않는다. 시대에 따라 사람들 입맛도 달라진다. 갑례 씨는 새로운 요리법을 배우고는 자신을 찾아오는 손님들 기호에 맞춰 자신만의 조리법으로 음식을 만들어 손님 상에 올린다.

　점심시간이 되기 전 갑례 씨는 사골 국물을 퍼서 직원들에게 나누어주었다. 추운데 고생하는 직원들을 위해 갑례 씨가 준비한 또 다른 음식이었다. 그녀는 감기에 걸린 직원을 불러 뜨거운 국 한 사발을 권했다.

　"감기가 확 떨어지는 거 같아요, 사장님."

　뜨끈한 국 사발을 두 손으로 받아 쥔 직원이 호호 불어가며 국물을 들이켰다. 뜨끈한 사골 국물처럼 그녀의 인심은 직원들의 몸과 마음을 훈훈하게 만든다. 그녀가 직원들을 살뜰히 챙기는 것은 자신도 그런 과거를 지나왔기 때문이다.

진심을 다하면 배로 돌아온다

갑례 씨는 손님의 생각과 마음을 헤아리지 못하면서 손님이 가게로 와주길 바라면 절대 장사가 잘될 수 없다고 생각한다. 손님의 마음을 모르면 손님을 대하는 법, 손님과의 대화도 매끄럽게 이어가지 못하게 된다. 이러면 쓸데없는 경비가 지출돼 손실이 생기고 적자가 나는 전형적인 악순환을 일으킬 수 있다. 하지만 손님의 마음을 잘 알고 대하면 오히려 광고비를 들이지 않고도 큰 광고효과를 얻을 수 있다. 실제로 갑례 씨는 감동적인 손님 접대로 전국적인 입소문을 얻기도 했다.

2008년 가을, 한 손님이 문 앞에서 우물쭈물하고 있었다.

"뭔 일이다요?"

갑례 씨의 물음에 손님은 쭈뼛쭈뼛 대답했다.

"아니 별일은 아니고 신발을 바꿔 신고 간 것 같아서요."

"오메, 어떤 건디?"

한 달에 서너 번 있는 일이기 때문에 갑례 씨는 근처 양화점으로 얼른 달려갔다. 괜히 손님의 여행을 망칠 것 같아, 그녀는 신발을 사서 손님에게로 달려왔다.

"앞집에서 사 왔는데 맘에 들랑가 모르겠네."

갑례 씨는 손님에게 구두 하나를 건넸다.

"잘 맞네요."

손님은 몇 번이고 갑례 씨에게 고맙다는 인사를 하고 돌아갔다. 갑례 씨는 손님에게 다시 연락을 했다. 극구 만류하는 손님에게 마음에 드는 구두를 사라고 비용을 보냈다. 이후, 인터넷에서는 그 사연이 감동 사연으로 소개돼 조회 수 수만 건을 돌파했다. 우연히 찾아온 이 기회는 엄청난 홍보 효과를 냈고, 전국의 손님들을 불러 모았다.

"아니 세상에 그런 일도 있더라고. 하던 대로 하면 좋은 일은 꼭 찾아온당께."

갑례 씨의 손님 사랑은 이것이 끝이 아니다. 종종 음식 값을 깎아주기도 하고 심지어 안 받을 때도 있다. 특히 갑례 씨는 여행객들에게 인심이 후하다. 강릉에서 온 어린 대학생이 계산대 앞에 서자 갑례 씨가 물었다.

"여행 오셨는가 보네?"

"4박 5일로요."

"친구하고?"

갑례 씨는 푸근하게 학생들을 살폈다.

"네, 친구하고 둘이."

"그래요? 어디서 오셨대?"

"강릉에서요."

"강릉에서? 저 강원도 끝에서? 예산은 얼마여 4박 5일이?"

"1인당 2만 원 안 넘게 쓰기로 했어요."

"하루에 2만 원을 안 넘기로 했는데 한 끼에 2만 원을 넘어서 어째야 쓰까. 드신 것은 3만 원이 나왔어. 근데 3만 원 써버리면 안 되잖아. 한 사람당 만 원씩 2만 원만 내."

갑례 씨의 깜짝 제안에 대학생들의 눈이 커졌다. 믿을 수 없다는 표정을 지어 보이더니 그들은 서로의 얼굴을 살폈다.

"네, 감사합니다. 어머니라고 불러도 될까요?"

학생들의 제안에 갑례 씨가 깔깔 웃었다.

"오매, 우리 아들이 둘이나 있어서 징그러워 죽겠어."

"감사합니다. 잘 먹었습니다. 고맙습니다."

학생들이 갑례 씨에게 꾸벅 인사했다.

"아니여. 커피나 한잔 잡숫고 가셔."

돈보다 사람을 우선으로 하고, 사람들이 자신의 음식을 먹고 행복해하고, 좋은 기분을 나눌 때 갑례 씨는 장사하는 보람을 느낀다.

'진심을 다하면 배로 돌아온다.'

갑례 씨의 지론이다.

재능은 나눠야 맛이다

사람은 절대로 혼자 살아갈 수 없다. 진심으로 도움을 주면 언젠가는 도움을 받게 된다. 갑례 씨는 지나온 삶 속에서 얻은 경험들을 혼자 알고 있기에는 너무 아깝다고 했다. 그러면서 홀로 누리기보다 주변과 나눌수록 삶이 풍성해진다고 한다. 결국 모든 것은 연결되어 있고, 서로 도움을 주고받기 때문에 성공은 나누어야 한다는 말은 갑례 씨의 이런 생각과 일치한다. 그래서 갑례 씨는 도움을 받고자 찾아오는 사람들의 애타는 마음을 결코 저버리지 않는다.

갑례 씨가 가게에서 특별한 교육을 시작했다. 그녀의 뒤를 따라 나선 것은 남동생 봉섭 씨였다.

"여기 아까는 갈비 구웠잖아. 구웠어도 이런 거 잘 봐야 돼. 이런 것도 선불리 하면 안 돼."

아무리 친누나라도 일할 때만큼은 하늘 같은 스승이었다. 봉섭 씨는 6년 전부터 가게에 들어와 설비 일을 봐주며 어깨너머로 누나에게 식당 일을 배우기 시작했다. 갑례 씨는 6년 만에 처음으로 동생에게 양념장 비법을 전수할 참이었다.

"조금만 부어."

봉섭 씨는 갑례 씨의 가르침이 떨어지는 대로 천천히 양념 재료를 배합했다. 아직은 모든 것이 서툴고 어설프다. 갑례 씨에게 배우러 오는 사람들은 양념장 비법을 조심스럽게 물어본다. 혹시나 싶어서. 갑례 씨는 물어본 사람이 놀랄 정도로 시원하게 비밀을 공개한다. 처음 온 사람들은 그렇게 가르쳐주고 공개하지 않는 비법의 양념을 넣을 것이라고 의심하지만 그녀는 양심을 걸고 아주 정확한 레시피를 알려준다고 한다. 오랜 경험에서 나온 레시피를 그녀가 공개하는 것은 재능을 나눠 다 같이 잘 먹고 잘살자는 깊은 속내에서 비롯된 일이다.

"일희일비하지 말아야 해. 준비하고 기다리다 보면 그게 돼. 할 만큼 하고 기다리다 보면 돼."

갑례 씨는 마음에서 나오는 진심 어린 충고도 잊지 않는다.

"남을 먼저 생각해야 돼."

성공한 사람들은 꿈을 스스로 이뤄낸 사람들이다. 갑례 씨는 주변 사람들에게 자신의 꿈을 나눠준다. 넘기 힘든 장애물에 부딪혀 넘어지고 실패하는 것은 결코 부끄러운 일이 아니라는 것을, 실패 역시 꿈에 속하는 것임을 갑례 씨는 살아온 삶을 통해 알려준다. 아리스토텔레스는 희망은 잠자고 있지 않은 인간의 꿈이라고 말했다. 꿈이 있는 한 이 세상은 도전해볼 만하다. 어떠한 일이 있더라도 꿈을 잃지 말자, 꿈을 꾸자. 꿈은 희망을 버리지 않는 사람에겐 선물로 주어진다. 반평생 돼지갈비 하나에 인생을 건 갑례 씨. 그녀의 흔적을 천천히 되짚어보면 우리도 언젠가 꿈을 이룰 길을 찾을 수 있을 것이다.

갑부의 비밀 사전 •

김갑례 사장의 실패하지 않는 돼지갈빗집 경영법

1 5~6가지면 충분하다. 김갑례 사장의 돼지갈비 양념 레시피

1) 재료(고기 100kg 기준)

양파 2kg, 생강 2kg, 깐 마늘 2kg, 대파 2kg, 간장 3.6kg, 백설탕 1.2kg, 조미료 한 큰술, 생수 7.2kg

2) 순서

① 양파, 생강, 마늘, 대파를 잘게 썬다.

② 잘게 썬 재료를 믹서에 곱게 간다(덩어리가 지지 않도록 두세 번 갈아준다).

③ 곱게 간 재료에 간장 3.6kg을 붓고 설탕과 조미료를 넣는다.

④ 생수를 붓는다.

⑤ 모든 재료가 섞일 때까지 잘 젓는다.

⑥ 하루 동안 냉장고에서 숙성시킨다.

2 CCTV를 활용하라

카운터에 설치된 모니터만 3개. 김갑례 씨는 카운터에 앉아 끊임없이 CCTV 모니터를 주시한다. 누군가를 감시하려는 용도가 아니다. 손님이 필요한 게 뭔지 살피고 손님이 직원을 부르기 전에 먼저 필요한 것들을 가져다주기 위해서다. 감시가 아닌 배려를 위한 CCTV. 큰 것을 베풀어야만 손님이 감동하는 것은 아니다. 아주 작은 차이가 식당의 이미지를 좌우하는 법이다.

3 1인분은 나중에

갑례 씨의 식당은 1인분의 양이 다른 식당보다 많다. 그래서 3인분을 시켰을 때 2인분만 먼저 나가도 손님이 전혀 알아차리지 못할 정도다. 그렇다고 손님을 속이고 2인분만 내보내는 것은 아니다. 먼저 2인분을 서빙하고, 손님이 다 먹을 때쯤 1인분을 추가로 서빙한다. 조금이라도 따뜻한 음식을 대접하기 위해서다. 손님 입장에서는 덤으로 음식을 대접받는다는 느낌도 받을 수 있고, 마지막까지 따뜻하게 고기를 먹을 수 있어 만족도가 높다.

4 돌파구는 있다, 반드시

갑례 씨의 식당이 처음부터 장사가 잘된 것은 아니다. 하지만 그녀는 포기하지 않고 과감하게 새로운 메뉴를 개발했다. 갑례 씨는 담양에 떡갈비 붐이 일어나자 떡갈비 메뉴를 넣고 싶었지만 넉넉지 않은 자금 탓에 돼지갈비를 이용해보기로 했다. 소고기로 만드는 떡갈비보다 훨씬 저렴하고 맛있는 갑례 씨의 돼지갈비는 입소문을 타고 빠르게 유명해졌다. 하지만 주문과 동시에 굽기 시작하는 담양식 돼지갈비는 대기 시간이 길어서 기다리다가 지치는 손님이 많았다. 그래서 갑례 씨는 초벌구이를 미리 해놓고 손님이 올 때마다 구워 내놓는 방식을 도입했다. 스스로 기회를 만들어가는 그녀는 젊은 이들에게 기회는 기다린다고 오는 것이 아니라고, 감나무 아래서 입만 벌리지 말고 감을 따서 먹을 궁리를 하고 바로 실천하라고 충고한다.

영하 10도에서
황금을 널다

②

강원도 인제 용대리 황태 덕장
김재식, 최양희 부부

주변에 빨리 가는 사람들 있잖아요.
부럽긴 하지만 그건 내 길이 아니다 생각해요.
한 걸음씩 나간다는 각오로 차근차근 당면한 일만 해결해나가면
비록 시간이 조금 더 걸릴지라도
나중에 꼭 성공의 길이 열리지 않을까요?

할반지통(割半之痛)

시린 겨울 밤, 상복을 입은 여인이 정신없이 길을 헤맸다. 할반지통(割半之痛)이란 말이 있다. 몸의 절반을 베어내는 아픔이란 뜻으로, '가족을 잃은 슬픔'을 이르는 말이다. 이를 또 다른 말로 천붕(天崩)이라 한다. 하늘이 무너진다는 뜻이다. 여자는 지금 몸을 반으로 가르는 고통을 겪고, 하늘이 무너지는 세상을 만났다.

"엄마, 엄마!"

불러봐도 아무도 대답하지 않았다. 여자는 천 길 낭떠러지 밑으로 떨어지는 듯 고통과 슬픔을 주체할 수 없었다. 그녀는 몇 걸음 걷지 못하고 자리에 주저앉아 오열했다. 한동안 고개를 숙이고 눈물을 흘리던 여자는 다시 일어나 길을 걸었다.

"엄마, 엄마!"

이번에는 그녀를 부르는 소리가 들렸다. 애처롭게, 애처롭게 그의 아들이 그녀를 불렀다. 넋이 나간 사람처럼 주위를 둘러봐도 아들의 모습은 보이지 않았다.

자신을 지탱해주던 부모의 죽음과 그녀의 모든 것이나 다름없던 아들의 죽음. 이 모든 것을 불과 몇 달 만에 마주했다. 여자는 떨어진 액자처럼 삶의 희망마저 잃어버렸다.

'생(生)'은 기다림 끝에 찾아온다는 말이 있다. 그래서 '생'은 그 자체로 큰 축복이다. 그러나 죽음은 언제 찾아올지 모르는 불청객이다. 사람은 살아가며 누구나 가족의 죽음을 경험하지만 갑자기 한꺼번에 세 명의 피붙이를 잃는 일은 흔치 않다. 여자의 상실감은 그 어느 것에도 비할 수 없었다. 그녀는 아무것도 할 수 없었다. 자신도 생의 끈을 놓고만 싶었다.

"양희야, 양희야."

그때 그녀를 부르는 목소리가 들렸다. 남편이었다. 발밑에 있는 벼랑은 아직 나락이 아니었다. 나락으로 떨어지기 직전 남편은 기어코 그녀의 손을 잡아챘다. 그 뒤로 부부는 계속 함께 손을 잡고 나란히 걸었다. 재식 씨와 양희 씨, 그들은 살기 위해 독해질 수밖에 없었다. 뭐가 나올지 모르는 안개 속 같은 세월이었지만 그들은 서로 의지하며 한 걸음씩 천천히 앞으로 나아갔다. 마침내 그들을 감싸고 있던 막막한 안개가 걷히고 나자 희망이 보이기 시작했다.

용대리 최고의 황태 갑부

전국 최대의 황태 생산지 강원도 인제군 용대리. 이 마을에서도 알부자로 손꼽힌다는 부부에 관한 소문은 무성하다.

"돈 버는 재주가 있는 사람이죠. 재산이 엄청나요. 땅만 해도 얼만데요. 한 70억~80억 원은 되지 않을까요?"

황태로 돈을 버는 재주가 있다는 부부의 덕장은 한눈에 봐도 그 규모가 상당했다. 매서운 한파 속에서도 명태를 거는 인부만 족히 열댓 명은 돼 보였다. 3000평의 황태 덕장을 소유한 재식 씨는 인부들 틈에서 명태를 널고 있었다. 용대리에서 갑부라는 소문이 자자한 그는 손을 저었다.

"갑부는 무슨 갑부예요. 그냥 여기서 20년 이상 황태 덕장을 한 사람입니다."

재식 씨는 코를 훌쩍이며 말했다. 주변 덕장 주인들은 그를 '명태 뽕'을 제대로 뽑아 여느 재벌 그룹 총수 부럽지 않은 사람이라고 소개했다. 재식 씨가 운영하는 넓은 덕장에 널어야 할 명태 수는 어림잡아 50만~60만 마리였다. 금액으로 하면 명태 값만 8억 원 정도. 재식 씨는 쉬지도 않고 계속 명태를 널었다. 영하 13도의 추위에 60만 마리나 되는 명태를 하나둘 너는 일은 결코 만만치 않아 보였다. 집에서 기르는 개에게라도 일손을 빌려야 할 만큼 손이 많이 가는 일이 명태 너는 작업이라고 한다. 그런 험한 일터에서 일하는 여성이 보였다.

"그러다가 나무 부러지면 어떡해요? 살살 해요."

"아이고 이까짓 일을 1박 2일 합니까?"

재식 씨의 아내 양희 씨였다. 자나깨나 남편 걱정뿐인 남편바라기 양희 씨는 남편의 사업 파트너이자 집안 재정을 꽉 쥔 실세다. 양희 씨도 인부들 틈에 섞여 쉼 없이 명태를 널었다. 남편을 도와 덕장 일을 하다 보니 어느새 경력 20년이 넘는 베테랑이 됐다. 기술도 힘도 여느 남자 못지않다.

부부는 처음에는 세 칸으로 시작해서 한 줄 더 늘리고, 그다음 돈을 조금 더 보태서 더 넓히고 넓혀 어느새 300칸의 덕장을 소유하게 됐다. 23년 만에 무려 100배로 성장시킨 것이다.

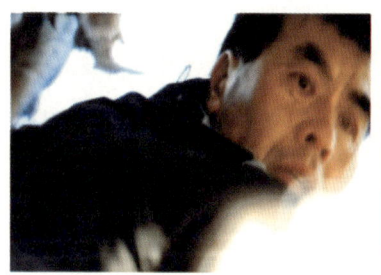 

김재식 씨와 최양희 씨 부부. 부부는 23년 동안 이 덕장에서 함께 황태를 널어 왔다.

오전 작업을 끝낸 아내 양희 씨가 향하는 곳은 바로 황태 직판장이다. 부부는 3000평 황태 덕장 옆에 70평 규모의 직판장까지 운영하고 있다. 덕장에서 직접 생산해낸 황태를 포함, 40여 종의 건어물을 판매한다. 중간 유통 없이 직접 판매하다 보니 이 매장을 통해 벌어들이는 돈 역시 꽤 많다. 전국에서 찾아오는 단골손님도 제법 많다. 휴일에는 매장에 발 디딜 틈 없이 손님이 몰려든다.

"향이 달라요. 황태 고유의 향이라고 해야 할까?"

매년 들른다는 손님은 한 번 방문에 황태를 수만 원어치 사서 돌아갔다. 그는 부부의 황태에는 중독성이 있다고 했다. 매장의 반나절 매출은 300만 원 정도. 하루 평균 매출은 총 500만 원 상당이다. 직판장으로 부족해 부부는 택배 판매까지 하고 있다. 전국 팔도의 황태 판매장 및 식당으로 보내는 도매 유통까지 직접 한다. 그중 정기적으로 거래하는 식당은 100곳 이상이다. 취급하는 황태의 종류도 다양하다. 10마리씩 묶어놓은 황태포부터 육수용 황태머리, 반건조 코다리까지 도매를 하다 보니 한 번에 보내는 황태 수량 또한 엄청나다. 평균 하루에 14~15박스를 배송한다. 한 박스에 64만 원, 모두 14박스를 보낸다고 계산하면 하루 도매 매출만 896만 원이다. 부부가 올리는 연 매출은 택배와 직판장 판매를 합쳐 대략 14억 원 규모다.

◆ 황태 갑부 연간 매출 예상액

황태 택배 판매 약 8000만 원 X 12 = 9억 6000만 원
황태 직판장 약 3000만 원 X 12 = 3억 6000만 원
그 외 기타 판매 약 8000만 원
연 매출 약 14억 원!

한 뼘 두 뼘이 만든 기적

"보통 그래요. 밖에 나가면 저 집은 용대리에서 손꼽히는 부자다. 하지만 처음부터 그랬던 것은 아니죠. 내 능력은 한 뼘, 두 뼘 앞에 있으니까. 일단 이것만 열심히 하자, 생각하고 해왔더니 벌써 이만큼 와 있더라고요."

부부는 절대 서두르지 않았다. 자신의 보폭대로 한 뼘, 두 뼘 남들보다 조금 더 부지런히 살았다. 올해로 57세, 재식 씨는 함께 30년을 보낸 아내에 대한 사랑이 지극하다. 아내도 마찬가지다. 그래서 부부는 결혼 30년 차에도 여전히 깨가 쏟아진다. 이들이 이렇게 남부럽지 않게 살게 된 것도 세월이 가도 여전히 견고한 사랑 덕분이다.

재식 씨가 이른 새벽부터 덕장으로 나갈 준비로 분주했다. 바깥은 살이 에도록 추웠지만 황태를 너는 기간에는 시간이 돈이다 보니 그는 평소보다 2시간 일찍 하루를 시작한다. 찬바람을 뚫고 덕

장에 나오자마자 하는 일은 바로 기온을 재는 일이다. 영하 13도의 추위. 바깥은 거대한 냉동고 같았다.

"영하 13도면 아주 딱 좋은 날씨네요. 추워야 해요. 추울수록 좋습니다."

재식 씨는 추위는 안중에도 없었다. 한파주의보가 내려진 새벽, 재식 씨는 기분 좋게 자신의 트럭에 올랐다. 신나게 달려 도착한 곳은 강원도 속초의 명태 작업장이다. 작업장에서는 꽁꽁 언 채 들어온 명태의 배를 가른 다음 내장을 빼고 두 마리씩 코를 꿰어 세척하는 작업 중이었다.

"잘 녹았죠, 사장님?"

새벽부터 재식 씨를 기다리고 있던 냉동창고 사장님이 그에게 명태를 보였다.

"잘됐네요."

재식 씨는 해동된 상태까지 꼼꼼히 확인했다. 그는 추가로 사서 맡긴 명태의 배를 가르는 할복 작업을 확인하러 온 것이었다.

"알 괜찮아요?"

재식 씨는 할복해서 나오는 명태 알을 자세히 살폈다. 그는 명태 할복 과정에서 나온 알도 젓갈 공장에 따로 팔아 부수입을 올렸다.

"kg당 4000원?"

"에이 너무 싸다."

"에이 그 정도 이상 못 줘요."

"500원만 더 줘요, 네?"

작업된 명란을 앞에 두고 젓갈공장 사장님과 재식 씨가 실랑이를 벌였다. 재식 씨는 부드러우면서도 단호하게 흥정을 이어갔고, 가격 흥정을 마친 명란을 저울 위에 올렸다. 85kg 약 7000마리의 명태에서 나온 명란 수입이 38만 원 정도였다. 60만 마리를 작업하는 약 3개월 동안 명란 판매 수입 예상액만 해도 3400만 원, 모두 부수입이었다. 재식 씨는 냉동 창고로 발길을 돌렸다. 명태로 가득했던 창고에는 남은 것이 별로 없었다. 다른 명태는 거의 다 덕장에서 말리고 있었다.

재식 씨는 명태 박스를 실을 수 있는 한 차로 실어 날랐다. 재식 씨는 지난 12월 덕장에 명태를 널기 시작한 이후부터 냉동 창고가 있는 속초와 용대리를 하루에도 열댓 번 왕복해야 했다.

"왕복 열 번은 해야 되는데 이건 혼자서 못합니다. 남의 차도 한 석 대 빌려서 하루에 세 번 정도 왔다갔다 해야 합니다."

이른 새벽부터 움직였지만 덕장으로 향하는 재식 씨의 마음이 조급해졌다.

"옛날하고 달라졌어요. 옛날에는 계속 추웠는데, 요즘에는 그렇게 춥지 않아요. 한파가 한번 오면 길게 가지 않아요. 그래서 추위가 왔을 때 아주 부지런히 걸어야 하니까 서두르지 않으면 안 돼요."

오전 4시경 집에서 나왔는데, 재식 씨는 8시가 다 돼서야 덕장에 도착했다. 황태를 출하하기 전까지의 작업 양은 상상을 초월한다. 체력도 체력이지만 판단력도 빨라야 가능한 일이다. 재식 씨는 40kg이 넘는 명태 박스도 혼자 척척 옮겼다. 그러다 마음이 급했는지 하차 작업을 직원에게 맡기고 상덕 작업에 나섰다. 상덕은 덕장의 2층 부분을 이르는 말. 상덕 작업은 발판 없이 쌓아놓은 나무를 밟고 해야 하는 작업이라 올라가기도, 서 있기도 쉽지 않았다. 재식 씨는 나무를 모아 지지대를 만들고 나서 겨우 작업을 시작했다. 숙련되지 않은 인부들은 종종 떨어져 부상을 당하곤 했다. 세심함과 주의가 필요한 덕장 작업은 매서운 칼바람과 싸우면서 일을 해야 하기 때문에 단 한 시간 작업으로도 많은 체력이 소모된다.

부부가 운영하는 황태 덕장.
명태는 겨우내 얼었다가 녹았다가를
반복하며 더욱 맛이 깊어진다.

아내 양희 씨는 남편이 덕장에서 작업하는 동안 인부들과 재식 씨가 먹을 식사를 준비했다. 그녀는 직판장 판매 일을 하고, 가끔 덕장 일을 도우면서도 매 끼니 15인분의 밥을 짓는다. 늘 밝고 부지런한 양희 씨이지만 지난 시절은 힘겹기만 했다. 처음 남편과 살림을 하던 그때에 비하면 지금 힘들게 밥을 짓는 노동은 호사라고 할 수 있다. 양희 씨는 지금도 그 시절만 생각하면 가슴이 먹먹했다.

아무것도 모르던 스물두 살의 처녀는 이모부 중매로 만난 재식 씨에게 반해서 한 번도 와본 적이 없는 강원도 산골 용대리까지 왔다. 시부모님에 어린 조카들까지 함께 살아야 할 대가족이라 내심 부담스러웠지만 그녀의 눈에 씐 콩깍지를 벗겨낼 정도는 아니었다. 그녀는 남편만 믿으면 될 줄 알았다. 양희 씨는 그렇게 달콤한 꿈에 부풀어 결혼을 했다. 하지만 6개월 만에 양희 씨의 눈앞에 닥친 현실은 지옥과 같았다.

밥을 짓기 위해 아궁이에 불을 때고 빨래를 하려면 1시간을 걸어 냇가까지 가야 하는 시골 생활은 그나마 견딜 만했다. 가족을 짓누르는 무거운 빚이 있었다. 할 수만 있다면 결혼을 무르고 싶었다.

"그 당시는 생각하면 참 싫어요. 다시 그때로 돌아가서 살라고 하면 못 살 것 같아."

그녀는 당시를 회상하며 그렇게 말했다. 남편이 시아버지로부터 물려받은 빚은 그 당시 돈으로 1억 원. 건설 노동자 하루 일당이

3000원이었으니 그 돈은 평생 일해도 원금은커녕 이자도 갚기 힘든 거액이었다. 그래도 죽을 수는 없어서 하루하루 소처럼 일했지만 입에 풀칠하기도 어려웠다. 며칠을 제대로 먹지 못하던 어느 날 가족들 끼니라도 때우게 하려고 양희 씨는 가까운 동네 이웃을 찾았다. 이웃은 그녀의 부탁을 매몰차게 거절했다. 그저 한 끼 식사 준비할 돈이면 됐는데, 이웃은 거지를 쫓아내듯 거리로 내몰았다. 돈 앞에서는 인심도 없었다.

"남편 원망을 진짜진짜 많이 했어요."

혹독한 세월을 겪으며 살길이 막막하면 세상을 미워하게 마련이지만 아픔을 겪고 나서도 그녀는 세상을 미워하지 않았다. 오히려 넉넉한 마음으로 다른 사람의 어려움을 먼저 보는 사람이 되고자 노력했다.

"병원에 입원할 때 빼놓고는 아파도 밥을 해요. 일하시는 분들이 얼마나 힘들겠어요. 추운 곳에서 우리 돈 벌어주자고 일하시는 분들인데."

양희 씨는 추운 곳에서 떨면서 일하는 덕장 식구들 걱정에 마음이 편하지 못했다. 밥 때가 되자 재식 씨와 덕장 식구들이 식당으로 모여들었다. 추운 곳에서 오전 내내 일한 인부들에게 양희 씨는 정성스럽게 준비한 어묵탕과 반찬을 넉넉하게 대접했다. 그녀는 직원들이 눈치 보지 않고 먹고 싶은 음식 마음껏 먹을 수 있게 항상 넉넉한 양을 준비한다.

"여기 음식이 그리울 때가 있어요. 내가 이곳저곳 덕장 일을 많이 했는데, 이만한 밥이 없어요."

그녀의 마음 씀씀이에 덕장 식구들은 푸근하게 배를 채울 수 있었다. 식사 준비를 끝낸 양희 씨는 손님과의 약속을 지키기 위해 쉬지도 않고 판매장 문을 열었다. 비교적 한가한 평일 오전에도 양희 씨는 택배 포장을 하느라 손을 쉴 틈이 없었다. 식당에 납품하는 도매가 아닌, 인터넷으로 주문받은 소매 물량이지만 그것도 혼자 작업하기에는 일량이 만만치 않았다.

"거래처에서 각자 선물하는 용도인데 13만 원부터 작은 것도 기본적으로 5만 원 이상은 다 주문해요. 보통 10건, 월요일이나 화요일에는 20건 정도 돼요."

이렇게 해서 도대체 얼마만큼의 돈을 모았을까? 양희 씨에게 물었더니 가만히 한쪽으로 안내한다.

금고였다. 수십 개의 금덩이나 현금으로 가득할 줄 알았던 금고 안에는 그동안 거래했던 빈 통장만 가득했다. 양희 씨는 그게 자신의 소중한 보물 1호라고 소개했다. 양희 씨는 1990년부터 최근까지 부부의 모든 역사가 담긴 통장들을 단 하나도 버리지 않고 모두 금고에 모았다.

"하나도 못 버리겠더라고요, 이걸 버리면 제가 초심을 잃을까봐.

열심히 살고 부지런히 일하고 밤을 낮처럼 일했으니까요. 남들은 금고에 돈을 채운다는데 우리 금고에는 빈 통장만 들어 있어요."

한바탕 손님이 몰아치고 난 후, 양희 씨는 다시 상품을 채워놓고 진열하는 일까지 모두 혼자서 척척 해낸다. 힘들 만도 한데, 그녀의 얼굴에는 웃음기가 떠나지 않는다.

죽기 살기로

"외박? 좋겠다. 외박도 나가고."

양희 씨는 외출용 군복을 곱게 다려 입은 군인들에게 유독 관심을 보였다.

"목도리도 좀 하고 털모자 좀 쓰게 하지. 저 귀 언 거 봐."

안타깝게 바라보던 양희 씨가 영 마음에 걸리는지 쟁반에 커피를 담아 군인들에게 무료로 제공했다.

"추우니까 한 모금씩 마셔."

그녀는 유독 군인들에게 친절했다. 군인들이 자리를 떠도 양희 씨는 창밖에서 눈길을 떼지 못했다.

20년 전 거액의 빚을 조금이라도 갚고 싶어 재식 씨는 처음에는 장사를 하겠다고 마음먹었다. 하지만 전화 한 통이 부부의 모든 계획을 정지시켰다. 양희 씨의 부모님이 급작스럽게 한날 세상을 떠나셨다는 소식. 서른도 안 된 양희 씨에게는 감당하기도 힘든 충격이었다. 잠도 자지 못할 정도로 부모님이 생각났다. 슬픔이 찾아올 때마다 눈물을 흘리며 겨울을 보냈다. 하지만 운명은 그녀를 가만히 두지 않았다. 시름시름 앓던 양희 씨는 결국 몸져누웠다. 병상에 있는 그녀에게 더 큰 비보가 전해졌다.

"양희야, 네 큰아들이 교통사고를 당했어. 빨리 나와봐."

"뭐라고?"

머릿속에서 천둥이 치고 가슴에서는 지진이 났다. 도저히 믿을 수 없는, 결코 인정하고 싶지 않은 일이 부부에게 닥쳤다.

"부모님이 돌아가셨을 때는 산에다 묻어드렸는데 내 속으로 난 자식은 아무 데도 못 묻겠더라고요. 한 6개월은 어떻게 살았는지도 모르겠어요. 과연 내가 여기서 뭘 어떻게 하면 벗어날 수 있을까만 생각했어요."

어떻게 이런 일이 일어날 수 있는지 감당할 수도 없이 깜깜한 시간, 양희 씨는 점점 술에 의지하기 시작했다. 그때부터였다. 양희 씨는 술에 취해 정신을 놓고 거리를 헤맸다. 재식 씨는 그런 아내를 찾아 온 동네를 돌아다녀야 했다. 그러던 어느 날, 도로를 헤매고 있는 아내를 발견했다. 아들을 빼앗아 간 그 도로를 양희 씨는 차가 달려오는 줄도 모르고 가로지르고 있었다. 위험한 순간, 재식 씨는 아내의 이름을 힘껏 불렀다.

"양희야."

남편의 목소리에 퍼뜩 정신을 차린 양희 씨는 겨우 사고를 면할 수 있었다.

첫아이가 떠난 그곳을 부부는 20년 동안 떠나지 못하고 있다. 양희 씨는 창밖을 아련하게 바라봤다.

"아침에 눈뜨면 보이는 게 늘 내가 아팠던 자리잖아요. 만날 보는 거예요. 그 자리를 보는 게 진짜 못 견디겠는 거예요. 지금도 그래요. 아팠던 자리가 계속 있으니까 돈을 벌어야겠다는 생각, 돈 벌어서 빨리 나가야겠다는 생각, 그거밖에 없었어요."

부부는 미쳤다는 소리를 들을 정도로 열심히 일했다. 남은 자식들을 위해서, 그리고 아파하는 부부 자신을 위해서 어서 빚을 갚고 이 지긋지긋한 곳을 떠나야겠다는 마음밖에 없었다. 너무 힘들어서 죽어도 하기 싫던 덕장 일까지 누가 불러만 주면 나가서 일했다. 얼음물 작업에 동상이 걸리는 일은 아무렇지도 않았다. 황태 장사도 다시 시작했다. 진부령 스키장에 사람들이 몰리면서 황태를 찾는 사람이 많아 돈을 벌 수 있을 것 같았기 때문이다. 집이 길가에 있어 통황태를 사다가 덕목에 널어놓으면 지나는 사람들의 이목을 끌어 장사가 제법 잘됐다. 하지만 부부는 길가에 멍하니 서 있을 때가 많았다. 그 자리를 볼 때마다 떠나간 아들 생각에 괴로웠다. 양희 씨는 자책했다. 괜히 길가에 터전을 잡아서 아이가 떠난 것은 아닐까? 부부는 죄책감에 문득문득 불안했다.

　누군가를 잃은 슬픔을 깨끗하게 씻어낼 수 있는 방법은 세상 어디에도 없다. 상처를 치유하기까지 한 걸음 내딛는 것조차 힘들지만 비 온 뒤에 땅이 굳어지고 새싹이 자랄 수 있듯 자신을 짓누르는 슬픔을 조금 내려놓고 극복하고자 하는 것, 그것이 가장 좋은 방법이다.

　"지금 생각하면 어떻게 지나왔는지 모르겠어요. 그래서 이를 악물고 죽기 살기로 일했어요. 죽기 살기로."

　죽기 살기로. 부부는 한참 동안 그 말을 반복했다.

우리가 뭐 겁낼 게 있나?

"당신 이렇게 업혀봤어?"

　양희 씨는 아이처럼 좋아하며 재식 씨를 보며 웃었다.

　"좋겠네. 업히고."

　재식 씨는 그런 양희 씨를 보며 흐뭇하게 웃었다.

　"하루 피로가 싹 녹는다, 이렇게 업히니까."

　둘째 아들 태호 씨의 넓은 등에 양희 씨가 업혔다. 양희 씨는 아들 등에 업혀 어린아이처럼 즐거워했다.

"엄마 좀 업어줘요."

양희 씨는 아들 바보다. 아들에게 업히면 꼭 어린애처럼 얼굴이 밝아졌다. 아들 등에 업힌 양희 씨는 그대로 직판장에서 2층 집까지 직행했다. 3년 전 직판장 건물 위에 새로 올린 집은 과거에는 상상도 할 수 없었던 최신식으로 꾸며져 있다. 재식 씨는 안방에 옷을 벗어놓자마자 아들 바보 양희 씨에게 질세라 막내딸을 찾았다.

"우리 딸 하루 종일 뭘 했어? 이제 볼 날도 얼마 안 남았는데, 계속 앞에서 없어지지 말고 가만히 있어."

미국에서 유학하는 딸은 방학이라 잠깐 집에 와 있었다. 며칠 후면 미국으로 돌아갈 딸이라 재식 씨는 내내 딸을 곁에 있게 했다. 부부는 자식에 대한 애착이 남달랐다. 재식 씨는 딸이 좋아하는 갈치를 상에 올리려고 제주도까지 가서 직접 낚시를 해왔다. 이제 겨우 중학생인 딸을 유학 보내기가 결코 쉬울 리 없었지만 부부는 딸의 의지를 꺾을 수 없었다.

누구를 잃어본 경험이 있거나 소중한 것을 잃어버린 사람들의 그 상실감은 자식이나 친구, 배우자가 완전히 헤아려줄 수 없다. 하지만 함께 극복하고자 하는 노력으로 슬픔을 견디는 무게가 줄어들 수는 있다.

이른 아침, 재식 씨와 양희 씨가 그토록 기다리던 눈이 내렸다. 부부는 곧장 덕장으로 향했다. 눈이 내린 날은 덕장에 신경 쓸 일이 더 많기 때문이다.

"이놈들이 눈을 잘 먹고 있다고 눈이 이렇게 쏙 들어가잖아요. 그런데 애들도 눈을 너무 많이 먹으면 안 되니까 털어줘야 해요. 그래야 아주 노랗고 통통한 황태가 나오죠."

쌓인 눈 무게에 덕대가 부러지지 않도록 부부는 일일이 눈을 털었다. 명태를 다 널었다고 끝이 아니다. 명태가 노란 황태가 될 때까지 사람 손이 수십 번 가는 것이 덕장 일이다.

인제군 북면 한계리, 이곳에 부부의 또 다른 작업 공간이 있다. 통황태의 배를 갈라 펼치는 가공 작업이 이뤄지는 곳이다. 작업장은 농한기에 한계리 아주머니들의 짭짤한 수입원이 돼주고 있다. 덕장 작업이 끝나고 나면 가공 작업에 매진하는 부부 때문에 아주머니들의 작업은 쉽지 않았다.

"가위질할 때 이런 걸 잘라야 돼요. 가시는 아닌데 이게 거칠어서 입에 들어가면 입안을 다치게 할 수 있어요. 가위질이 중요해요 가위질에 따라 고기가 예쁘고 안 예쁘고 결정돼요."

꼼꼼한 사장님 덕에 2년 차 아주머니는 헛손질을 연발한다. 아주머니들이 긴장하는 데는 또 다른 이유가 있다. 마을에 고마운 수입원이 되는 가공 작업은 부부를 통해 마을 사람들이 내림으로 배우는 기술이다. 즉, 잘 배워야 다음 세대가 또 수입을 이어갈 수 있는 구조이기 때문에 기술을 배울 때는 신중할 수밖에 없다.

부부는 용대리에서는 최초로 황태 가공을 시작했다. 20년 전 미시령 관통 도로가 개통되고 진부령을 찾는 스키 인구가 증가했다. 덩달아 용대리에도 관광객이 늘기 시작했다. 처음에는 장사가 더 잘될 줄 알았지만 황태 판매장이 경쟁적으로 들어서며 규모가 작은 부부의 가게는 점점 손님이 떨어지기 시작했다. 결국 못 팔게 된 황태로 끼니를 때울 처지까지 되고 말았다. 그런데 아내가 황태를 조리하는 동안 재식 씨의 눈에 실낱같은 희망이 보였다.

'그래, 통황태를 소비자가 요리하기 편하게 손질하자.'

아이디어가 떠오르자 곧바로 행동에 들어갔다. 황태를 불리고 뼈를 분리하는 불편함이 없도록 미리 가공해서 비닐 포장을 했다. 그리고 재식 씨는 직접 영업에 나섰다. 그는 관광객이 많이 찾는 휴게소로 무작정 찾아가 직접 가공한 황태 제품을 진열만 하게 해달라고 들이밀었다. 처음에는 별다를 게 없어 보인 황태인데 진열해놓자 반응이 오기 시작했다. 매출도 가파르게 올랐다. 재식 씨와 양희 씨는 거기에 만족하지 않았다. 황태 가공품으로 돈을 번 부부는 제일 먼저 작업 창고를 장만했다. 번 돈을 곧바로 재투자해 안정적인 수입원을 마련하기 위해서였다. 돈은 돌아야 더 큰돈으로 들어오는 법이다.

이렇게 생겨난 황태 창고에서 다양한 가공 작업이 이루어진다.

일단 망으로 된 자루에 황태를 가로세로로 엇갈리게 넣은 다음에 똑바로 세워 미지근한 물을 뿌리는 것이 첫 번째 작업. 단순해 보여도 수백 번의 실패와 노력 끝에 얻은 부부만의 노하우 집결체였다.

"황태가 골고루 물기를 못 먹으면 작업을 못 해요. 물을 안 먹은 황태는 너무 딱딱해서 배가 잘 안 갈라지고 물을 많이 먹으면 곤죽이 돼요. 물 주는 게 진짜 중요한 포인트예요."

미지근한 물을 뿌려 촉촉해진 황태에 꼼꼼하게 비닐을 덮어 1차 작업을 마무리한다.

황태를 가공하자는 단순한 시도였지만 황태 가공을 시작하면서 재식 씨와 양희 씨 두 사람의 인생도 황태처럼 활짝 펴지기 시작했다. 통황태에서 껍질만 벗겨내 팔던 부부는 이제는 황태 머리와 뼈, 껍질까지 상품 종류만 수십 가지에 달할 정도로 황태의 모든 것을 판매한다. 누구나 생각할 수 있었지만 누구도 하지 않았던 황태 가공품. 부부는 그 작은 차이를 만들어내면서 죽을 때까지 갚을 수 없을 것 같았던 무거운 빚을 16년 만에 청산할 수 있었다.

경제위기 때마다 코카콜라 회장 무타 켄트는 위기를 낭비하지 않을 것이라고 말했다. 사람에게 투자하고 시스템을 정비하기에 위기만큼 좋은 기회는 없다는 것이다. 부부도 위기 때마다 서로 위로하고 두둔하며 자신들을 재정비했다. 그래서 이제 어떤 일이 닥쳐도 부부한테는 장애물이 될 수 없었다. 부부는 지금도 늘 어려움 앞에서 생각한다.

'힘든 일을 다 거쳐왔는데 우리가 뭐 겁낼 게 있나?'

나는 당신 곁에서, 당신은 내 곁에서

황태 직판장과 연결돼 있는 황태 식당은 그냥 건물만 연결돼 있는 게 아니라 양희 씨가 특별히 신경 쓰는 곳 중 하나다. 손님이 붐비기 시작하자 양희 씨는 소매를 걷어붙이고 식당 일을 하기 시작했다.

"언니, 나 일당 줘야겠어?"

"알았어."

"얼마 줄 건데?"

식당은 양희 씨와 가족 같은 30년 지기 언니가 운영하고 있다. 건물 자체는 양희 씨 명의지만 함께 하던 식당의 운영권을 세만 받고 언니에게 완전히 넘겼다. 힘들었던 시절에도 성공한 지금도 서로가 서로를 의지하며 친자매처럼 우정을 나눈다. 두 사람에게는 황태가 단순한 생선이 아닌 더불어 살게 해주는 매개체다.

"황태를 가공해서 언니네 식당에 주면 언니가 강정을 만들어서 팔아요."

다시 말해 양희 씨가 황태 식당에서 필요로 하는 모든 황태를 독점 납품하는 셈이다. 식당 사장은 저렴하면서 믿을 수 있는 재료를 공급받고, 양희 씨는 식당 문 닫기 전까지 황태 납품을 끊길 일이 없으니 황태가 두 사람을 더불어 살게 해주는 매개체인 셈이다. 식당으로 들어가는 한 달 평균 황태는 납품가로 계산했을 때 1년에 4800만 원 매출이 예상된다. 돈 없는 설움도 겪어보고 황태로 성공도 해본 지금 양희 씨의 가장 큰 소득은 사람의 소중함을 깨달은 것이다. 독하게, 그리고 정말 열심히 살아온 23년, 도망치고 싶어서 떠나고 싶어서 시작한 일인데, 부부는 돈을 벌 때마다 오히려 땅을 늘렸다. 결국 10평에서 지금은 무려 6000평의 땅에 부부는 뿌리내리고 살게 됐다. 소유한 땅과 5채의 건물 값은 40억 원, 여기에 덕장에 널린 황태 값과 저온 창고에 보관된 황태 값을 더하면 자산 가

재식 씨와 양희 씨의 20년 넘는 세월이 고스란히 담긴 재산.

치만 무려 47억 원이 예상된다.

"아주 엄청나게 벌었다고 생각합니다. 아이들을 교육시킬 수 있는 정도만 벌면 성공한 것이라 생각했어요. 그런데 지금 그보다 더 나아졌으니까 많이 번 거죠. 하지만 계속 투자해야 하는 것이 황태 사업입니다. 보통 물건을 사기 위해서 약 5억 원 정도는 있어야 합니다."

새벽부터 또 눈이 내리기 시작했다. 부부는 곧바로 가게 앞 청소에 나섰다. 부부는 오랜만에 펑펑 내리는 눈을 보고는 아이처럼 마음이 설렌다. 내리는 눈을 감사할 수 있게 만든 삶, 부부는 이제 그 어떤 욕심도 없다.

"주변에 빨리 가는 사람들 있잖아요. 부럽긴 하지만 그건 내 길이 아니라고 생각해요. 물론 꿈은 가져야 하겠지만 쉽지 않거든요. 한 걸음씩 나아간다는 각오로 차근차근 내 앞에 당면한 일만 해결해나가면 시간이 조금 걸릴지라도 나중에 꼭 성공의 길이 열리지 않을까요?"

양희 씨는 말했다.

"돈은 있다가도 없고 없다가도 있어요. 정말 그래요. 저는 돈은 써야지 벌린다고 생각해요. 그렇다고 너무 없는데 빚내서 쓰라는 얘기가 아니라 없으면 없는 대로 살고, 벌리면 좀 쓸 줄도 알고, 모이면 나눌 줄도 알고 그렇게 살면 돼요."

사람들은 누구나 크고 작은 상처를 안고 살아간다. 그 상처를 잊으려고, 극복하려고 하는 사람들에게 부부는 나직하게 말한다. 상처를 인정하라고, 그리고 극복하라고. 외면하려 하지 말고, 아닌 척하지 말고, 그냥 지나가기를 바라지 말고 자신의 아픈 곳을 똑바로 쳐다봐야 한다고. 상처는 그렇게 치유된다고.

갑부의 비밀 사전 •

용대리 황태 갑부의
단기 목표 설정법

1 STEP BY STEP

모든 일에는 단계가 있다. 일용직 노동자 하루 일당이 3000원이던 시절 억대의 빚을 갚아야 했던 김씨 부부. 빚 전체를 염두에 두고 일했다면 성공하지 못했을 것이라고. 부부가 처음 시작한 지점은 바로 세 칸의 덕장. 매년 조금씩 규모를 늘려 지금의 3000평 덕장을 운영하게 되었다. 무슨 일을 하든 1만 시간은 견뎌야 그 분야에서 두각을 나타낼 수 있다고 한다. 그렇다고 처음부터 1만 시간을 보내야 한다고 생각하면 지칠 수밖에 없다. 눈앞의 목표를 설정하고 하나씩 해결해나가다 보면 시간은 어느새 흘러 있고 목표는 달성되는 법이다.

2 최고의 황태를 만들기 위한 과정도 단기 목표

황태 장인 재식 씨 부부에게 '깐깐함'을 빼면 아무것도 남지 않는다. 명태를 할복하는 순간부터 소비자의 입에 들어가기 직전까지 부부의 장인정신은 계속된다. 매 과정을 집요하게 해나가는 것도 단기 목표를 이루기 위한 방법. 부부가 황금 황태를 만드는 데는 몇 가지 철칙이 있다.

첫째, 영하 10도 이하일 때만 명태를 덕장에 걸 것.

둘째, 수억 원대의 유지비가 들더라도 명태는 무조건 냉동 창고, 말린 황태는 저온 창고에 보관할 것.

셋째, 목 넘김이 부드러운 황태를 만들기 위해 조금이라도 거친 부분이 없도록 꼼꼼히 손질할 것.

3 나중은 없다, 지금 하라. 부부의 사람 관리

목표는 혼자 이룰 수 없다. 사람 관리는 필수다. 황태로 유명한 만큼 경쟁이 치열한 용대리. 서로 간의 시샘이 있기 마련이지만 용대리 어디를 가도 사람들은 재식 씨 부부를 입에 침이 마르도록 칭찬한다. 사람들이 칭찬하는 건 바로 김씨 부부의 성품. 부부는 과도한 경쟁이 아니라 이웃과 함께 가는 길을 택했다. 꾀기 빚에 허덕이며 힘들었을 때를 생각하며 이웃들과 노하우를 나눈다. 덕분에 용대리 전체가 황태로 승승장구. 큰 것을 나누려고 하지 말고 작은 것부터 나누다 보면 어느새 큰 보상이 따른다.

1000원짜리 국수의 반전

③

인천 모래내시장 국수 가게
박민수, 권정임 부부

저는 갑부입니다. 제 주위의 식구가 몇 명인데요.
같이 영업하는 영업장이 몇 군데 있는데,
그것만으로 충분합니다.
돈이 문제가 아니라 사람이 많아서 갑부예요.

시련은 예고 없이

1997년 12월 3일, 그전까지 가파르게 성장곡선을 그리던 대한민국 경제에 커다란 위기가 닥쳤다. 국내에 투자하고 있던 외국 자본이 일제히 빠져나갔고, 대한민국은 국제통화기금에 19조 원이나 되는 돈을 빌렸다. 중소 규모의 사업체를 운영하던 사람들은 높은 이율에 일제히 무너졌고, 건실하다고 자부했던 기업들도 외환위기에 버티지 못한 것은 마찬가지였다. 많은 사람이 생업을 잃었고, 오갈 곳 없이 방황했다. 민수 씨와 정임 씨 부부도 예외는 아니었다.

　남의 이야긴 줄만 알았는데, 막상 현실이 되니 부부는 막막했다. 이제 뭘 해야 할지 몰랐다. 열심히 살았다고 자부했는데 갑자기 불어난 계곡물에 떠내려가듯 빠르게 흘러가는 상황에 준비할 틈도 없었다. 민수 씨는 자신이 아무것도 할 수 없다는 사실 때문에 자신이 너무 무능하다는 생각밖에 안 들었다. 정임 씨도 마찬가지였다. 경보 없는 재난에 대처할 수 있는 사람은 아무도 없었다.

누구에게나 절망적인 상황이 있지만 그걸 잘 해결할 수 있도록 도움을 주거나 힘을 줄 수 있는 사람이 곁에 있다는 것은 행복한 일이다. 그때 깜깜한 어둠 속에서 민수 씨에게 밝은 등불을 쥐여준 사람이 있었다. 그 등불 덕분에 민수 씨와 정임 씨는 그 어려운 시절을 잘 헤쳐 나올 수 있었다. 그래서 민수 씨와 정임 씨는 사람이 등불이라고 말하곤 한다. 언제 어디서 인연의 끈으로 묶일지 모르는 것이 바로 사람과 사람 사이기 때문에 부부는 아무리 스쳐 지나가는 사람이라도 그냥 대하는 법이 없다.

지금 민수 씨와 정임 씨는 국수를 만들며 살고 있다. 그들이 만드는 국수는 보통의 국수가 아니다. 먹는 사람이 행복해지는 국수, 세상에서 가장 만들기 어려운 국수다. 값싼 국수 한 그릇이지만, 자신들이 만드는 국수를 먹고 힘을 얻을 수 있다면 아무리 어려운 일이라도 부부는 감수할 자신이 있다고 한다.

모래내시장 제일 부자

"4인분에 2000원씩~ 2인분에 1000원씩 합니다."
인천의 한 재래시장, 사장님이 열심히 외치는 만큼 국수는 쉴 새 없이 팔려나갔다. 사람들로 북적이는 재래시장의 국숫집은 주말에 더 분주했다. 요즘 같은 불경기에는 흔히 볼 수 없는 풍경. 가게를 지나치던 사람들도 저렴한 가격에 발길을 멈췄다. 국수 가게를 운영하는 정임 씨는 바삐 손님들을 응대했다.

"내가 여기 단골인 거 알지?"

"그럼 당연히 알지."

"일주일에 한 번은 오는데, 여기 국수 진짜 맛있어."

정임 씨는 바쁜 와중에도 손님들을 소홀히 대하지 않았다. 말을 걸면 대꾸하고 물어보면 친절하게 대답해줬다. 그래서 국수 가게에는 단골손님이 꽤 많다.

"여기서 안 사면 식구들도 안 먹으려고 해요. 맛있는 국수 팔아줘서 고마워요."

국수를 사서 돌아가는 손님들도 정임 씨에게 진심으로 감사의 말을 전했다. 국수가 거기서 거기라지만 손님들은 정임 씨의 국수와 다른 국수는 천지 차이라고 입을 모았다.

"10년 전에도 1000원, 10년이 지난 지금도 1000원."

정임 씨의 손님들은 가격을 묻지 않는 게 특징이다. 국수 가격이 10년 동안 한 번도 변하지 않았기 때문이다. 요즘 같은 시대에 직접 뽑은 국수 2인분을 단돈 1000원에 살 수 있는 곳은 많지 않다. 부부의 가게에는 1000원짜리 생면부터 갖가지 색의 건면까지 다양한 국수가 있다. 가판대의 국수가 조금씩 줄기 시작하자 정임 씨의 남편 민수 씨가 국수를 채웠다. 부부는 인천 모래내시장에서 부자로 소문이 났다.

"글쎄요. 부자라는 정의가 어디까지를 말하는 건지 몰라도 열심히 살고 있는 것은 맞습니다. 부자 맞습니다. 마음 부자."

민수 씨가 사람 좋은 얼굴로 웃었다. 민수 씨와 정임 씨 부부는 17년 동안 국수만 고집해왔다. 민수 씨는 국수 판 돈을 플라스틱 쓰레기통에 대충 넣었다. 남들이 봤을 때는 그냥 쓰레기통일 뿐이지만 그들은 잔돈 바꾸기 편하다는 이유로 입구가 큰 쓰레기통을 잔돈 통으로 쓴다. 그래서 거기에 실제 쓰레기를 버리는 사람이 많다고 한다. 원래는 만 원짜리도 쓰레기통에 같이 넣었는데, 큰돈이 보이면 사람들이 불편해한다는 정임 씨 어머니의 충고로 얼마 전 부

부부가 판매하는 국수. 1000원짜리 생면부터 천연 첨가물로 건강한 맛을 낸 건면까지 다양하다.

터 특별히 맞춘 작은 금고에 큰돈을 넣는다. 부부에게 돈은 도구일 뿐이다. 그저 가족들이 밥을 맛있게 먹을 수 있게 해주는 것, 민수 씨는 돈에 그 이상의 가치를 두는 것은 위험하다고 말한다. 그 생각은 가게에서 물건을 사는 사람을 장사꾼의 시선으로만 가둬 단지 손님으로만 보지 않겠다는 그의 의지이기도 하다. 민수 씨와 정임 씨에게 손님은 자신들과 함께 이 세상을 살아가는 사람들이다. 그래서 그들에게 손님은 손님 이상의 특별한 존재다. 부부는 장사가 잘되면 식구들 밥 먹고 사는 것이고, 안 되면 조금 더 노력해야 하는 것으로 생각한다. 오늘만 보지 않고, 내일도 함께 보는 부부만의 삶의 방식이다.

맛있는 소리 가득한 가게

"안녕하세요. 어서 오세요."

정임 씨의 인사를 받은 사람들이 가게 안으로 들어섰다. 부부는 가판대에서만 판매하는 것이 아니라 국수 식당까지 겸하고 있다. 점심시간이 임박해지자 가게는 손님들로 가득했다. 손님들은 저마다 국수 면발을 후후 불며 맛있게 먹었다. 조리해서 파는 국수도 가격이 싸기는 마찬가지였다. 가장 인기 있는 잔치국수와 칼국수가

3000원, 비슷한 가격대의 매콤한 비빔국수와 다양한 면 요리까지 5000원이 넘는 메뉴는 없다.

부부는 가판대에서 파는 국수를 알리기 위해 13년 전 식당을 열었다. 1층의 홀과 가게를 연 지 11년 만에 1억 원을 들여 개보수했다는 2층의 홀까지 갖춘 식당은 13년 만에 총 90석이 넘는 가게로 성장했다. 민수 씨와 정임 씨 부부가 이렇게 큰돈을 들여 가게를 3배나 넓힌 데는 특별한 이유가 있었다.

"1층만 운영하다가 보니까. 손님들이 줄을 많이 섰어요. 줄 서면 짜증나잖아요. 그래서 손님들 편하게 드시라고 2층을 마련했어요."

부부는 국수 한 그릇이라도 잘 대접하고 싶었다. 줄을 서는 홍보 효과가 사라졌고, 정임 씨의 손발은 더 바빠졌지만 부부의 마음은 더 부자가 됐다. 가게를 확장하면 손님이 줄어든다는 속설이 있는데, 부부의 마음 씀씀이를 아는지 밥 때가 되면 가게는 여전히 손님

◆ **식당 주말 하루 매출 예상**

잔치국수 3000원 X 115그릇 = 34만 5000원
칼국수 3000원 X 56그릇 = 16만 8000원
열무비빔국수 4000원 X 84그릇 = 33만 6000원
바지락 칼국수 5000원 X 62그릇 = 31만 원
그 외 세트 메뉴 등 30만 6000원
합계 약 140만 원!

들로 문전성시를 이룬다. 가장 저렴한 잔치국수와 칼국수의 매출이 가장 많고, 이외에 비빔면과 세트 메뉴를 합하면 대략 주말 하루 매출은 140만 원 정도 된다.

값싸지만 큰돈을 벌어주는 국수의 인기 비결이 단지 싼 가격에 있는 것만은 아니다. 담백하고, 소화 잘되는 면발과 잘 우려낸 육수로 맛을 낸 국물, 그리고 하나뿐인 반찬 겉절이의 궁합이 손님들 입맛을 만족시켜준다. 부부의 가게는 국숫집 본연의 의무를 다하고 있는 것이다.

"우리는 다른 집하고는 다르게 잔치국수도 생면으로 조리해요."

정임 씨의 면에 대한 자부심은 대단했다. 국숫집이 면에 대한 자부심을 갖는 것은 당연한 일이지만 매년 오르는 밀가루 가격을 생각하면 생면을 사용하는 잔치국수를 3000원에 팔기는 쉽지 않은 일이다. 생면으로 조리하는 국수는 건면보다 쫄깃하고 부드럽다. 그 덕에 직원들도 면에 대한 자부심으로 손님을 대할 수 있다. 가게 안은 손님들이 면발을 후루룩거리는 맛있는 소리로 가득하다.

사람 장사가 남는 장사

가게 앞으로 의문의 오토바이 하나가 도착했다. 오토바이에서 내린 남자는 정임 씨에게 상자를 하나 전달했다.

"이게 칼국수예요. 이렇게 공장에서 오면 제가 여기서 나누어요."

정임 씨가 상자를 열어 면발을 나누며 말했다. 정임 씨 가게가 자부심을 갖고 판매하는 면은 가게에서 3분 거리에 있는 공장에서 배달된다고 한다.

공장 내부는 허름한 입구와는 다르게 규모가 컸다. 국수를 뽑는 사람들 사이에 민수 씨가 있었다.

"가게 가판대에서 파는 것, 끓여서 파는 것, 다 여기서 만들어 사용하는 거예요."

부부가 소유한 공장에서 직접 만든 국수가 정임 씨가 그토록 강조하던 면발에 대해 자부심을 갖는 이유였다. 반죽이 국수 맛의 50%를 좌우한다는데, 공장에서 만들어지는 면은 밀가루와 소금물, 계란이 재료의 전부였다.

"다른 기타 첨가제는 전혀 넣지 않아요. 심지어 유통기한을 늘리기 위해서 반죽에 알코올을 넣는 주정 처리도 안 해요. 반죽해서 바로 그날 소비하는 물량만큼 만들기 때문에 매일 작업해야 합니다."

민수 씨는 국수의 반죽을 치대며 말했다. 국수의 맛을 더 좋게 하기 위해 일반 반죽기의 3배 가격인 진공반죽기를 도입했다. 진공반죽기는 반죽을 숙성시켜 더 맛있는 면발을 뽑을 수 있다. 그 외에도 민수 씨는 옛날 국수 맛을 살리기 위해 본인이 구상한 설계대로 국수 기계 라인을 맞췄다. 기계 하나만 살펴도 민수 씨의 국수에 대한 고집을 엿볼 수 있다. 그는 기계들을 갖추는 데 2억 원이 넘는 돈을 들였다.

"비록 3000원짜리 국수라도 소비자들이 만족해야 하거든요. 일반 슈퍼에서 파는 국수를 사다가 그냥 끓여주고 3000원 받으면 장사는 어느 정도 될 것 같은데 제가 그걸로는 만족을 못 합니다. 국수를 드시면서 '맛있다, 행복하다, 진짜 이 국수 맛있다.' 이런 소리를 들어야만 제가 만족할 수 있기 때문에 진짜 최고의 국수를 만들고 싶습니다."

손님들이 먹으면 행복한 국수, 그것이 민수 씨가 꿈꾸는 최고의 국수다. 첨가제와 주정 처리 없이 건강한 국수를 만드는 이유가 바로 여기에 있다. 시중에 판매되는 국수의 유통기한은 평균 40일, 민

민수 씨와 정임 씨의 국수공장.
부부의 가게에서 판매되는
국수는 모두
이곳에서 만들어진다.

수 씨가 만드는 국수는 유통기한이 고작 6일이다.

면의 장력도 국수 가락을 늘이자마자 끊어지는 시중의 여느 국수와는 다르게 민수 씨의 국수는 성인의 팔 길이만큼 늘어난다. 첨가제 없이도 3배나 늘어나는 것이다. 부부는 돈을 벌려는 목적보다 건강한 음식을 많은 사람과 나누려고 국수를 만든다.

"진짜 음식을 할 때 정직하게, 그거 하나만은 확실하게 말씀드릴 수 있어요. 처음에 그렇게 했으면 끝까지 그렇게 가는 겁니다. 그래서 이제까지 손님들에게 인정받으면서 국수를 뽑아오지 않았나 싶어요. 조금 덜 남으면 조금 덜 벌면 됩니다. 그 대신 맛있다는 얘기를 들으면 좋아요."

오후 8시, 식당은 벌써 영업 종료를 앞두고 정리를 서두르기 시작했다. 영업 종료 푯말을 붙이자마자 직원들도 마지막 손님들에게 양해를 구했다.

"손님을 막 쫓아내네?"

단골손님들은 농담까지 건네며 뭔가 안다는 듯 서둘러 자리에서 일어났다. 다른 식당이 저녁 장사에 한창인 시간, 민수 씨와 정임 씨 가게만 유일하게 문 닫을 준비를 서둘렀다. 직원들은 신이 났는지, 힘이 넘쳤다. 영업을 일찍 종료하는 데에는 사장 부부의 따뜻한 속내가 숨어 있었다.

"욕심 같아서는 10시까지 하고 싶지만, 직원들도 가족과 시간을 보내야 하잖아요."

　오후 8시 마감은 부부가 10년째 고수해온 가게 운영 원칙이다. 그 작은 조건에도 직원들은 만족했다. 그래서 그런지 식당의 직원들은 거의 10년이 넘도록 가게를 떠나지 않는다. 숙련된 직원을 잃지 않는 것은 식당이 성공하는 데 중요한 요소다.

　"남들이 배부른 소리 한다고 말해요."

　정임 씨가 마감을 서두르며 말했다. 하지만 남들이 뭐라고 해도 부부는 돈보다는 사람 욕심을 부리고 싶다고 한다. 사람을 위하다 보면 돈은 저절로 따라온다는 것이 부부의 철학이다. 실제로도 그랬다. 국수 사업을 시작하고 부부는 사람을 저버리는 일은 단 한 번도 하지 않았다. 당연히 사람이 모였고, 매출도 올랐다. 주말 하루 매출이 평균 200만 원 정도로 안정됐고, 제일 많이 판 날은 가판대 수입을 제외하고 식당 매출로만 300만 원이 넘은 적도 있다. 3000

부부가 파는 국수에는 그들의 원칙이
고스란히 담겨 있다.

원짜리 잔치국수 1000그릇을 팔아야 올릴 수 있는 매출이다.

장인정신? 장인어른 정신!

민수 씨와 정임 씨가 인천의 재래시장에 입성해 국수를 만들고 판지 17년, 가게를 시작하고 4년 만에 식당까지 함께 운영하면서 큰 성공을 했지만 이들 부부에게도 떠올리고 싶지 않은 기억이있다.

  간호사였던 정임 씨는 큰 부상으로 입원해 있던 민수 씨와 연인이 됐고 단란한 가정을 꾸렸다. 꿈같은 신혼 생활을 보내고 결혼 7년째 되던 해, 부부에게 인생의 고비가 찾아왔다. 1998년 2월 그해 겨울은 여느 겨울보다 추웠다. 민수 씨는 집에서 기다리는 아내를 볼 면목이 없었다.

  "여보 미안해, 회사에 부도가 났어."

  민수 씨가 다니던 건설회사가 IMF 외환위기의 여파를 견디지 못하고 부도난 것이다. 민수 씨도 실직자가 될 수밖에 없었다. 경제 위기로 세상이 무척 어지러웠지만 남의 이야기인 줄로만 알았는데, 그에게도 어려운 시간이 찾아왔다. 자신이 선택했고, 열정을 다했던 회사가 그렇게 쉽게 넘어질지 그는 꿈에도 몰랐었다. 민수 씨만 바라보는 아내나 아이들에게 그는 면목이 없었다. 퇴사하고 난 다음 날 오전 5시, 느닷없이 장인어른이 민수 씨를 찾아왔다.

"자네, 내 딸을 굶어 죽일 생각인가? 어서 나를 따라나서게."

굳은 얼굴의 장인은 채 잠도 깨지 않은 민수 씨를 다그쳤다. 그는 어안이 벙벙했지만 딸이 얼마나 걱정되면 이러실까 싶어 장인어른을 따라나섰다. 장인은 민수 씨를 인근 재래시장으로 데리고 갔다.

"이 자리 어떤가?"

장인어른은 허름한 가게 앞에 걸음을 멈추고 민수 씨를 돌아보며 말했다.

"무슨 자리요?"

"내가 자네 장사할 자리를 알아봤어."

"네? 저보고 장사를 하라고요?"

직장 생활만 했던 민수 씨에게 장사라니, 그는 난감할 수밖에 없었다. 하지만 장인어른은 뜻을 굽히지 않았다. 민수 씨는 조금 생각해보겠다고 말하고 그날은 집으로 돌아왔지만, 장인어른은 이번에는 장모님까지 동원해서 또 그다음 날 지금 가게가 있는 시장엘 가자고 민수 씨를 찾아왔다. 장인과 장모는 그날 이후 매일 민수 씨를 찾아왔다. 민수 씨는 장인 장모가 직접 가게를 알아보고 민수 씨 가족을 생각해주는 마음에 결국 열심히 해보겠다고 결정했다. 그래, 한번 해보자 하는 결심이 선 민수 씨는 평생 국수를 뽑으며 사신 장인어른에게 기술을 전수받기 시작했다. 그는 그렇게 3년을 국수와 씨름하며 살았다.

"면발이 잘 나왔네. 이제 혼자 해도 되겠어."

3년 만에 장인어른은 민수 씨를 칭찬했다. 그렇게 그는 완전한 국수장이가 됐다. 민수 씨는 국수 만드는 일에 재미를 느꼈다. 그는 전 직장에서 기계 쪽 일을 해왔고, 새로운 기계가 나오면 늘 공부하곤 했다. 그는 기계에서 국수가 만들어지고 만들어진 국수를 손님들이 돈을 주고 사는 자체에 호기심을 가졌다. 민수 씨는 지금 와서 생각해보면 국수가 '운명' 같다고 회상한다. 하지만 정임 씨의 생각은 조금 달랐다. 부모님이 국수를 만들며 고생하는 것을 보고 자라서 그런지 그녀는 국수 장사를 썩 하고 싶지는 않았다. 그런 정임 씨가 마음을 고쳐먹은 계기가 있다.

처음 민수 씨 혼자 장사를 시작했을 때 직장 생활만 10년을 한 민수 씨는 국수를 만들어 팔고 배달을 다니고 모두 혼자 해야 하니 화장실 갈 시간도 없었다. 걱정이 된 정임 씨는 병원에서 퇴근 후에 가게로 향했는데, 싱크대에 쌓여 있는 컵라면 그릇들을 보자 마음이 아팠다. 아, 이건 아니다, 굶어도 같이 굶고 먹어도 같이 먹어야겠다 싶어 정임 씨는 가게 운영에 합류하기로 결심했다.

"어차피 부부는 같이 살아야 하는 거잖아요."

정임 씨는 부부 중 한 명이라도 안정적으로 직장을 다니면 좋겠다는 생각을 가차 없이 버렸다. 원래 직업인 간호사를 그만두고, 국숫집 아줌마를 택했다.

그렇게 함께 국수 장사를 시작했지만 처음에는 상권이 좋지 않아서 판매량이 쉽게 늘지 않았다. 국수를 알릴 길이 없을까 고민하다가 정임 씨는 제빵 기술을 배워 국수와 함께 빵을 팔았다. 빵은 제법 인기가 많았다. 그러던 어느 날, 한 손님이 물었다.

"왜 빵집에서 국수를 팔아요?"

부부에게 그 질문은 충격 그 자체였다. 국숫집으로 소문나야 할 판에 빵집으로 소문나다니, 돈을 벌려면 빵을 선택할 수도 있었지만 장인어른에게 배운 기술을 그냥 썩힐 수는 없었다. 부부는 국수에 집중하기로 결심했다. 늦게까지 국수를 뽑으며 연구했고, 가게에 박스를 깔고 교대로 잠을 청하기도 여러 번이었다. 그사이 친정 부모님이 돌봐주던 두 아들은 중학생이 됐다.

민수 씨의 국수 공장은 계절을 가리지 않고 쉼 없이 돌아간다. 국수를 뽑을 때 철칙으로 삼는 것이 무엇이냐는 질문에 민수 씨는 간판 구석에 써놓은 장인정신이라는 말을 가리켰다.

"간판을 보면 맨 왼쪽에 장인정신이라고 씌어 있어요. 근데 그 장인정신이 옛날부터 내려오는 그런 장인정신이 아니고, 진짜 장인어른에게 배운 장인정신을 도장으로 만들어 찍었습니다. 잊지 않으려고요."

잊지 않겠다고 말하는 민수 씨의 표정이 단호했다. 여전히 장인어른의 가르침을 고수하는 그는 뽑는 면에 따라 세 종류의 밀가루를 비율에 맞춰 배합한다. 배합 과정에서 배합기에 쏟아 넣는 파란 통에 민수 씨의 장인정신이 숨어 있었다. 먹었을 때 소화가 잘되고 씹을 때 식감을 높이기 위해 첨가제를 쓰는 대신 그는 옛날 장인어른의 노하우를 그대로 적용했다.

몇 년 전, 민수 씨가 겨우 국수에 대해 자신감을 가질 즈음, 그는 비보를 들었다. 장인어른이 급성폐암으로 시한부 환자임을 선고받았다는 소식이었다. 막내딸인 아내를 유난히 예뻐했던 장인어른은 민수 씨에게 국수 기술을 전수해주고 새로운 인생을 열어줬다. 민수 씨에게 국수는 장인어른의 혼과도 같았다. 부부는 아버지가 가시기 전에 좋은 모습을 보여주려고 사방팔방으로 뛰어다녔다. 마침

박민수, 권정임 부부가 운영하는 국수 공장. 민수 씨는 장인어른 얼굴을 간판에 크게 그려 넣었다.

땅이 하나 나왔고, 그곳에 지금의 공장을 짓기 시작했다. 가족을 위해 평생 국수를 뽑았던 아버지는 당신이 기술을 전수한 사람이 국수로 큰 성공을 거두었다는 이야기를 하시며 늘 아쉬워했다. 아버지의 평생 꿈은 국수 공장을 세우는 것이었다.

그래서 부부는 빚을 내 국수 공장을 차렸다. 장인어른이 못 이룬 꿈을 반드시 이루고 싶다는 마음 때문이었다. 공장을 보신 아버지는 4개월 뒤 운명하셨다. 장인어른의 꿈을 이뤄드리는 대가로 5억 원이라는 큰 빚을 졌지만 결과적으로 부부에게는 국수 공장 설립이 새로운 기회가 됐다. 민수 씨는 소비자의 기호에 맞춰 여러 가지 국수를 개발했다. 여러 번의 실패도 있었지만 그는 특유의 지구력으로 속속 새로운 국수를 만들어냈다. 백년초 국수도 그런 실패를 이겨내고 만든 그만의 특별한 국수다. 온도와 습도에 따라 소금의 양과 농도를 조절해 만든 반죽은 세 번의 롤러를 지나 절단이 되고 건조를 위해 2층으로 이동한다. 민수 씨는 새로운 면을 개발해도 건조만큼은 옛날 방식 그대로 대나무에 걸어 24시간 바람을 이용한다. 신구의 조합 그 기초는 장인어른의 기술이었다. 민수 씨는 백년초 국수에 이어 흑미 국수, 뽕잎 국수까지 돌잔치 답례품용으로 상품을 만들어 판매 영역을 넓혔다.

민수 씨는 개인적으로 인간관계에는 절대 까다롭게 굴지 않지만 국수에 관해서는 엄격했다. 품질이 마음에 들지 않으면 전량 폐기하는 것도, 국수를 포장할 때 옛날 방식대로 하는 것도 다 그의 고집 때문이었다. 이렇게 만들어진 그의 국수는 사과에 던지면 꽂힐 만큼 단단하다. 단단한 국수는 삶아도 잘 붇지 않는다.

제대로 만들면 알아서 찾아온다

"오늘 하나만 넣을게요."

　공장에서 생산된 국수는 직접 운영하는 식당과 가판대에서 소비되는 물량 외에 소래포구나 월곶포구 같은 관광지의 조개구이 식당으로도 납품된다. 민수 씨는 1년에 명절 이틀을 제외하고는 매일 출근 도장을 찍었다. 그날 그날 양을 체크해서 양이 적든 많든 꾸준하게 매일 배송하는 것이 민수 씨의 원칙이다. 장사가 안 될 때도 매일매일 다니면서 적은 양이라도 납품하고 점주들과 유대 관계를 유지해야 별 탈 없이 1년 내내 물건을 납품할 수 있다는 게 그의 생각이다. 배달 규모는 평균 200kg 정도로 도매가 계산을 해보면 대략 한 달 매출은 1200만 원가량이다.

　처음부터 납품이 쉬웠을 리는 없다. 부부는 처음에 무슨 배짱이었는지, 국수를 들고 무작정 음식점으로 찾아갔다. 하지만 이미 오래된 거래처가 있었던 가게들은 부부의 국수에 눈길 한 번 주지 않왔다. 정임 씨는 팔을 걷어붙이고 주방으로 들어가 설거지까지 하는 열의를 보였다. 가게 주인들은 난색을 표했다. 10년 넘은 거래처를 하루 만에 바꿀 수는 없었기 때문이다. 결국 부부는 두 손 두 발 다 들고 빈손으로 집으로 향했다.

  지금 정임 씨는 매주 일요일 저녁 수금을 위해 소래포구로 향한다. 인터넷이나 폰뱅킹으로 대금을 결제했더라도 그녀는 꼭 거래처에 찾아가 인사라도 한번 한다. 정임 씨는 장사할 때 거래처와 정을 쌓는 것을 제품의 품질만큼이나 중요하게 여겼다. 소래포구 상인들은 기다렸다는 듯 정임 씨를 반갑게 맞았다. 10년 전 영업에 실패하고 소래포구의 높은 벽을 실감한 부부였지만 이제는 납품에 수금까지 어떻게 된 일일까?

  시작은 소래포구의 한 상인 덕분이었다. 10년 된 거래처를 바꾸기는 쉽지 않은 일이다. 하지만 부부 모르게 가게에 들러 국수 맛을 본 상인은 국수 맛에 반해 10년 된 거래처를 바꿨다. 직접 발로 뛰었을 때는 허물지 못했던 벽이었다. 하지만 국수 맛을 알아봐준 덕에 소래포구의 문이 열렸다. 그 후 입소문을 타고 거래처도 늘어 민수 씨는 매일 아침, 정임 씨는 일주일에 한 번 소래포구 상인들과 꾸준히 정을 쌓아가고 있다. 현재 소래포구에 60개의 조개구이 식당이 있고, 그중 부부는 30여 곳에 국수를 납품하고 있다. 건강한 국수에 대한 자부심은 시장점유율 50%라는 성공을 부부에게 안겼다. 제대로 만들면 손님은 찾아오는 법이다.

재래시장의 아침이 밝았다. 식당을 시작한 지 13년째지만, 언제나 부부는 직원보다 먼저 출근한다. 정임 씨는 매일 아침 주방을 반드시 점검한다. 그리고 꼭 하는 일은 잘 뽑은 국수를 꾹꾹 눌러 비틀고 또 누르는 일이다. 국수의 맛을 일률적으로 만들어 국수가 씹힐 때 식감을 좋게 하기 위한 것이다. 그녀는 양념도 직접 만든다. 일주일에 한 번 직접 겉절이 김치 양념을 만드는데, 그 양이 만만치 않다.

"노동 없는 대가는 없어요."

정임 씨는 장난스럽게 웃었다.

"국수에 반찬으로 김치 하나 나가는데, 국수를 만드니 김치도 우리가 만들어야지요."

김치부터 육수에 들어가는 부재료까지 좋은 재료를 사용하는 것은 정임 씨에게는 당연한 일이다.

"작년 추석 전에 배추 한 포기에 8000원이었어요. 국수를 팔아도 배추 값으로 나가는 돈 때문에 한 푼도 남지 않았어요. 그래도 손님들이 김치를 더 달라고 할 때 마다할 수 없었어요. 맛있다고 하는데, 어떻게 마다해요."

정임 씨는 돈보다 손님들이 맛있다는 말에 더 힘이 났다.

마음이 부자여야 진짜 부자지

자산이 얼마나 되냐고 묻는 사람들에게 부부는 갑부라고 말한다.

"내 옆에 와이프도 있고, 직원도 있고 그다음에 나와 같이 가고 있는 거래처도 있고, 이것 자체가 큰 자산입니다. 그래서 저는 갑부입니다. 제 주위에 식구가 몇 명인데요. 같이 영업하는 영업장이 몇 군데 있고, 그것만으로 충분합니다. 돈이 문제가 아니라 사람이 많아서 갑부예요."

민수 씨는 말한다. 사람이 자산이고 주변 사람을 소중하게 여겨야 한다고.

"부부는 같이 가야 하는 거잖아요. 부부간에 믿음과 신뢰와 사랑이 쌓였기 때문에 여기까지 왔다고 생각해요. 열심히 살았고, 앞으로도 열심히 살 테니까 우리는 갑부예요."

민수 씨의 실직, 삶의 고비는 국수 장사라는 기회를 줬고, 주변에 든든한 사람들과 함께여서 부부는 성공할 수 있었다. 사람을 위하고 원칙을 지키며 열심히 살았고 앞으로도 그렇게 살아갈 부부는 충분히 박수를 받을 만했다.

갑부의 비밀 사전 •

인천 모래내시장 국수 갑부 부부의
박리다매 성공법

1 큰돈보다 새는 돈을 잡아라

장사를 시작하려는 사람은 대부분 큰 수익을 얻으려고 한다. 그래서 판매 단가를 높게 책정하는 사람이 많다. 합리적인 소비자들은 이를 바로 알아차린다. 큰돈을 버는 것보다 새는 돈을 아끼는 것이 성공 확률을 높여준다. 민수 씨와 정임 씨는 국수 가격을 싸게 하는 대신 직접 국수를 만들고 유통 과정을 최소화해서 이익을 남긴다.

2 건면보다 생면

민수 씨는 IMF 외환위기 여파로 다니던 건설회사에서 나올 수밖에 없었다. 그때 그에게 기술을 전수해준 장인어른이 있었고 그래서 국수 사업을 시작할 수 있었다. 또 하나 민수 씨가 가진 무기는 기계 관련 지식. 그는 자신이 가지고 있는 기계 관련 지식을 국수 제조에 접목해, 효율적으로 생면을 뽑아내는 공정을 갖추었다. 국숫집의

80% 이상이 건면을 쓰는 시장에서 그는 생면으로 차별화했고 소비자의 입맛을 사로잡았다.

3 재고 제로

민수 씨와 정임 씨의 국수 가게는 당일 배송, 당일 판매가 원칙이다. 손님들에게 신선한 맛의 국수를 대접할 수 있고 무엇보다 재고가 남지 않는다. 박리다매의 원칙을 지키려면 묵혀서 버리는 재료비 한 푼도 아낄 줄 알아야 한다.

4 직원들의 저녁 시간을 보장하라

부부에게 자산이 얼마나 되는지 물어봤을 때 돌아오는 대답은 사람이 자산이라는 것. 부부의 가게는 다른 가게와 다르게 항상 오후 8시면 문을 닫는다. 직원들도 가정이 있기에 저녁은 가족이랑 보내라는 배려다. 다른 가게도 마찬가지이지만 특히 박리다매를 하는 가게는 인건비가 지출의 큰 몫을 차지한다. 직원들이 자주 바뀌면 다시 교육을 해야 하고, 그만큼 생산성이 떨어지게 마련이다. 당장의 매출을 위해 몇 시간 더 일하는 것보다 직원들의 휴식 시간을 보장해서 직원들이 오랫동안 일할 수 있는 환경을 만드는 게 장기적으로는 더 이익이다.

서민갑부
PART 2

틈새 장사가 알짜 장사

양평 더덕 사업가 조남상 •

노량진 수산시장 대장장이 전만배 •

영등포 가발 전문가 장만우 •

샌드위치 사업가 정주백 •

新 봉이 김선달, 28억 빚쟁이에서 90억 자산가가 되다

양평 더덕 사업가 조남상

저걸 어떻게 해? 그러면 아무것도 할 게 없어요.
나는 할 수 있다고 생각하면서 실행할 때 뭐라도 할 수 있는 거야.

죽고자 결심한 날 살고자 했다

운전대를 잡은 남자의 호흡이 거칠어졌다. 그가 운전하는 용달차는 가파른 산비탈로 돌진했다. 남자는 전속력으로 비틀비틀 생사의 갈림길을 위태롭게 넘나들었다. 불안한 질주는 멈추지 않았다. 살고자 할수록 죽어라 벼랑 끝으로 내몰리는 현실 앞에서 남자는 자꾸 포기하고만 싶었다. 차라리 그게 편할 것 같았다. '죽음'이라는 단어를 생각하니 눈물이 났다. 지겨운 삶의 끝이 보이는 것 같았다. 누구보다 삶에 집착이 강했던 그는 덫에 걸린 짐승처럼 발버둥을 칠수록 올가미가 단단히 조여졌다. 온 힘을 다했지만 나아지는 것은 아무것도 없었다.

건너편에서 다가오는 차가 보였다. 남자는 속력을 줄이지 않았다. 불길 속으로 뛰어드는 나방처럼 그는 오히려 속도를 올렸다. 지금 할 수 있는 것은 죽음에 한발 가까이 서는 것뿐, 더 이상의 선택은 남아 있지 않았다. 마주 오는 차가 울리는 경적 소리에 그는 눈을 질끈 감았다. 이제 끝이구나, 모든 게 그렇게 허무했다.

20년 후. 그는 여전히 살아 있었고 매일같이 산을 헤맨다. 20년 전 그는 패배자였다. 손을 대는 일마다 전부 실패했다. 누군가 밑에서 잡아당기는 것처럼 그는 자꾸 나락으로 떨어졌다. 하지만 지금은 그를 아는 모든 사람은 그를 행운의 사나이라고 말한다. 미다스의 손처럼 그는 손을 대는 일마다 황금빛 결과물을 낳았다. 그는 자신의 인생을 바꿔놓은 것이 산속에 있다고 했다. 그의 시선이 비탈 아래 낮게 깔린 풀숲에 머물렀다.

"황금 물결이죠. 제가 이 산을 다 보물산으로 만들었어요."

죽기로 결심한 그날, 그는 마음을 바꿔 살고자 했다. 그리고 20년 후, 그는 이 땅에 당당하게 두 발을 디디고 있다. 헬렌 켈러는 생애에 닥쳐오는 모든 고난은 하늘이 값없이 내리는 은혜이고, 삶에 대한 의심은 비겁하고 미련한 사람이 마음에 품는 공포에 불과하다고 말했다. 그는 마음속 두려움을 이겨내고 위기를 기회로 멋지게 바꾸어냈다.

봉이 김선달? 양평의 조남상!

"출발해도 돼요?"

등산객을 가득 실은 용달차가 출발했다. 산 중턱에 올라온 등산객들은 쉴 틈도 없이 땅을 파기 시작했다. 보물찾기라도 하는 것처럼 다들 밝은 얼굴이었다.

"무조건 곰처럼 파면 됩니다. 무조건 파면서 올라가요. 위로."

남상 씨는 땅을 파고 있는 등산객들 사이를 이리저리 돌아다니며 소리쳤다. 땅을 파는 여자 등산객의 손이 굼뜨자 남상 씨는 팔을 걷어붙이고 땅 파는 것을 도왔다.

"자 나왔죠?"

흙을 파내고 캐 올린 것은 산더덕이었다. 여기저기서 등산객들의 탄성이 터졌다. 더덕을 캘 수 있는 시간은 두 시간. 그동안 열심히 산더덕을 캐는 사람들 반, 그 자리에 앉아 캔 더덕을 안주 삼아 풍류를 즐기는 사람이 반이었다. 내내 산 기운을 가득 받은 더덕의 맛이 결결이 느껴졌다.

"손님이 캐서 본인이 가져가는 거예요. 돈 내고 가니까 캔 만큼 손님이 가져 가시는 거죠."

손님이 알아서 척척 캐 가는 통에 남상 씨는 앉아서 돈만 받는다고 했다. 대동강 물을 길어 파는 봉이 김선달이 따로 없었다.

"이놈의 향 때문에 못 잊고 해마다 자꾸 와."

노년의 등산객이 산더덕을 통째로 질겅질겅 씹으며 말했다.

스타벅스 회장 하워드 슐츠는 제품 판매 외에 소비자의 마음을 훔치는 것도 기업이 해야 할 일이자 목표라고 말했다. 남상 씨의 영업 전략도 이와 비슷하다. 손님들은 산더덕을 직접 캐면서 즐거움을 느끼고, 저렴한 가격에 만족스러워한다. 그뿐만 아니라 남상 씨는 인부를 고용하는 비용을 절약할 수 있다. 누이 좋고 매부 좋고. 이렇게 더덕을 캔 손님들은 자신이 캔 더덕의 무게를 재고 그에 따라 남상 씨에게 돈을 치른다.

1kg에 3만 원, 시가보다 50% 이상 저렴한 가격에 무게가 조금 넘더라도 알아서 딱 3만 원만 받는 인심도 쓴다. 또 오시라고, 건강하시라고 손님 자루에 넉넉히 더덕을 넣어드리니 한번 오면 단골이 되지 않고는 못 배긴다. 손님들이 모두 돌아가자 남상 씨는 그날 매출을 계산했다. 두 시간 매출이 대략 229만 원. 남상 씨는 하루에 500만 원에서 600만 원 매출은 보통이고 전화 주문까지 합치면 1000만 원대까지 올라가는 건 금방이란다.

남상 씨는 자루와 괭이를 챙겨 또 다른 산으로 이동했다. 또 다른 산에서는 인부들이 열심히 작업하고 있었다.

"안녕하세요. 일찍 나오셨네요. 벌써 많이 캐셨네요."

가게로 따지면 산더덕 2호점이다. 그 산에서 나는 더덕으로는 주문받은 물량을 충당한다.

"어우 큰 보물이 나오네."

더덕을 캐는 인부들의 손놀림을 보고 남상 씨의 얼굴이 밝아졌다. 몇 년은 족히 묵은 것 같은 산더덕이 진한 향내를 풍기며 무더기로 땅 위로 끌려 나왔다. 넓은 산 바닥을 다 뒤집고 다니지 않아도 그때그때 주문 물량을 채우기는 끄떡없어 보였다. 남상 씨가 더덕 한 뿌리를 집어 올렸다.

"와 잘생겼다. 꼭 사람이 앉아 있는 것 같죠? 여기 보세요. 땅을 파면 이렇게 하얀 게 보이죠? 더덕 한 뿌리가 몇 천 원씩은 하는데 언뜻 봐도 다섯 뿌리는 넘잖아요. 그러면 이게 벌써 몇 만 원이에요."

어린 나무들이 심겨진 넓은 부지가 모두 산더덕 재배지였다. 좀

남상 씨의 산에서 캔 더덕.

더 정확히 짚어보면 양평군 양동면엔 산더덕 심은 곳이, 서종면에는 앞으로 심을 곳이 준비돼 있다. 남상 씨는 양편의 산 이곳저곳에 산더덕 분점을 둔 사장님. 하루에도 이 산 저 산, 차선 없는 산길을 자유자재로 오르락내리락하느라 24시간이 모자랄 정도다.

3호점은 나무 한 그루 없이 휑한 것이 1, 2호점과는 달리 조금 삭막했다. 아직 씨를 뿌리는 단계라 그렇단다. 자세히 보니 산 비탈길 한쪽 비료 포대가 한가득 쌓여 있다. 포대는 용달차에서 끝도 없이 옮겨졌다. 넓은 산에 방대한 양의 퇴비를 뿌리는 것이었다. 산의 자연 양분만으로는 많은 산더덕을 고른 품질로 키울 수 없기 때문에 남상 씨는 참치 머리를 미세하게 가루로 만들어서 뿌린다. '어두육미'를 산에도 적용하는 것이다. 이렇게 하면 다른 산더덕보다 영양가도 더 풍부해진다. 인부들이 손으로 비료를 흩뿌렸다. 좋은 것도 과유불급이라, 한곳에 뭉치지 않도록 신경 쓴다.

"7만 평에 5000포 정도 퇴비를 뿌려요. 돈으로 따지면 한 5000만 원."

그냥 맨땅에 5000만 원을 뿌리는 셈이다. 이렇게 투자해서 얼마만큼의 더덕을 캐는 걸까. 검증 작업에 들어갔다. 무작위로 $3.3m^2$를 재고 그곳에서 나오는 더덕을 평균 잡아 계산해보면, 평당 3kg. 판매가 kg당 3만 원임을 감안해서 계산하면 평당 9만 원 정도의 매출이 나오고, 이를 남상 씨가 관리하는 33만 $578m^2$의 임야에 대입

하면 더덕의 총 시가는 대략 90억 원. 입이 딱 벌어진다. 명실공히 산더덕의 제왕이었다.

"모두 내 산이 아닙니다. 다 남의 산이고 나는 임시로 빌려 쓸 따름입니다."

남상 씨가 웃으며 말했다. 더덕을 무지막지하게 심어놓은 산이 본인 소유가 아니었다. 산의 소유주도 아니고 그것도 남의 산에서 산더덕을 캐가는 사람들에게 돈을 받고, 남의 산에 어마어마한 금액의 비료와 더덕 씨를 뿌려놓고 돈을 긁어모을 생각을 하고, 그렇게 계획한 대로 산더덕 90여억 원치를 묻어두고 돈을 벌고 있다는 것이 놀라울 따름이다.

"제가 누군지 알아요? 바로 신세대 봉이 김선달입니다."

남상 씨는 껄껄 웃었다. 큰돈 들이지 않고 많은 수익을 내고 있으니 현대판 봉이 김선달로 인정하지 않을 수 없었다. 남상 씨는 위기를 기회로 바꾼 사람이라는 소리를 자주 듣는다. 그러나 하는 사업

◆ 산더덕 임야 33만 578m^2 예상 매출

산더덕 1kg당 = 3만 원
임야 3.3m^2 X 3kg (기준) = 9만 원
임야 33만 578m^2 X 9만 원 = 90억 원 추정!

마다 성공하는 그도 몇 번의 큰 고난을 넘겨야 했다.

인생은 마이너스와 플러스 게임

1977년 제대를 앞둔 어느 날, 남상 씨는 청천벽력 같은 소식을 들었다. 그는 곧바로 휴가를 내고 고향으로 내달렸다. 방 안으로 들어가자 그의 형님이 절망스러운 얼굴로 그를 바라봤다.
"부모님이 어떻게 모은 재산인데 형, 말을 좀 해봐."
형님은 묵묵부답이었다. 부모님이 남기고 간 유산을 하루아침에 그것도 사기로 날려버리다니, 하지만 형님을 원망만 하면서 있기에는 살길이 너무 막막했다. 그는 제대하자마자 일을 시작했다. 눈밭에서 지게를 지며 살았다. 평생 농사일로 다져진 몸 하나가 전 재산인 그가 할 수 있는 것은 밤낮없이 열심히 일하는 것밖에, 살길은 그것뿐이 없었다. 그러던 어느 날 마을 어른의 도움으로 시작한 표고 농사가 작은 성공을 거두었다.
그에게도 작고 소박하지만 희망이 생겼다. 혼자 살아가던 그에게 아내가 생겼고 지키고 싶은 가족이 생겼다. 욕심이 생겼다. 더 잘해주고 싶고, 더 잘살고 싶은 마음이 들었다. 앞뒤 없이 된다 싶은 농사일을 벌였다. 그게 화근이었다. 상황은 절망적이었지만 조금만 더 하면 될 것 같은 미련이 생겼다. 채소 농사부터 약초 농사까지 손을 안 대본 게 없지만 결국 일은 터져버렸다. 지친 몸을 끌고 향한 집에서 아내가 편지 한 장을 내밀었다. 아내가 전한 편지는 다름 아닌 채무를 청산하라는 내용증명. 보일 것 같은 희망의 불씨는 완전히 꺼져버렸다. 그렇다고 포기할 수는 없었다.

"1997년부터 200만 원으로 시작해서 그때 거의 사채를 썼으니까 당시 이자가 연 50%인데 원금보다 이자에 이자가 붙어 빚이 눈덩이처럼 불어났어요."

남상 씨는 죽을 결심을 했었다. 아무리 갚아도 줄지 않는 빚 때문에 아무것도 할 수 없었다. 잠 한숨도 못 자면서 일을 해도 인생이 플러스로 돌아설 가능성은 없는 것 같았고, 벽처럼 굳건한 28억 원이라는 빚은 남상 씨의 앞을 끈질기게 막아섰다. 이대로 사라져버리면 이 모든 고통이 끝나지 않을까 한순간 잘못된 선택을 감행하려고 하던 차에 어린 아들의 얼굴이 떠올랐다. 반대편에서 경적을 울리며 달려오는 차를 겨우 피한 남상 씨는 마음을 고쳐먹었다. 죽을힘으로 살면 못할 것이 없다. 그는 그렇게 다짐하고 또 다짐했다. 괜찮다, 괜찮다. 남상 씨는 다시 한 번 이를 악물고 살아보려 몸부림을 쳤다.

성격이 좋은지 벌써 잊은 건지 남상 씨는 당시를 아무렇지 않게 회상했다. 하지만 가족들에게는 다시는 꺼내고 싶지 않은 큰일이었다. 그가 죽기로 결심했던 때, 아내는 고민 끝에 남상 씨에게 형편이 좀 펼 때까지 아이들과 친척집 신세를 좀 지겠다고 말했다. 평소 가족은 함께 살아야 한다며 외지로 나가는 것을 허락하지 않던 남편이 웬일인지 그날은 좀 달라 보였다. 너무도 쉽게 허락하는 모습에서 뭔가 삶의 고됨을 느꼈지만 표현을 잘하지 않는 성격이라 집을 나설 때까지 아내는 선뜻 묻기가 어려웠다.

살아야 할 이유를 찾고 난 후에도 정신을 차려보니 여전히 남은 빚과 더덕 씨 20가마뿐이었다. 사가는 사람이 없어 팔 수도, 뿌릴 수도 없는 씨 포대를 끌어안고 어떻게든 살 궁리만 하던 어느 날 땔감을 해 돌아가던 길이었다. 잠시 쉬고 있는 남상 씨 눈에 산더덕이 들어왔다. 그때 짐처럼 안고 있던 더덕 씨 20가마가 퍼뜩 떠올랐다. 하지만 빚만 남은 그에게 누가 산을 빌려줄까 싶어 남상 씨는 다시 움츠러들었다. 어린 자식이 떠오르고 가냘픈 아내를 생각하니 용기가 났다. 갈등하면 뭐하나 싶어 그냥 부딪쳐보기로 하고 산주인 집으로 무작정 향했다. 자초지종을 말하고 절박한 상황을 진심으로 전했다.

그래도 살 구멍은 있다

산주인은 다행히 좋은 사람이었다. 군말 없이 선뜻 산을 내줬다. 도대체 뭘 믿고 이 사람에게 산을 맡겼냐는 물음에 푸근하게 웃으며 답했다.

"살자고 마음먹은 사람 눈에는 빛이 난다고. 그런 사람은 틀림없어. 믿어도 돼."

돌이켜보면 절망의 순간에도 남상 씨 옆에는 사람이 있었다. 1억 원을 빌려준 사람, 5000만 원을 빌려준 사람…. 남상 씨가 처음 더덕 사업을 시작한 고향에는 그에게 선뜻 돈을 빌려준 사람이 한둘이 아니었다. 그들은 마치 당연한 일을 하는 것처럼 남상 씨를 믿고 거액을 융통해줬다. 그 덕에 남상 씨는 마침내 재기의 발판을 만들 수 있었다.

첫 더덕을 수확했으나 판매가 영 신통찮았다. 남상 씨가 그 산에서 더덕을 판다는 사실을 아는 사람이 없으니, 잘될 리 만무했다. 어떻게든 알려야 했다. 고심 끝에 지역 축제와 연계해 산더덕 캐기 행사를 기획했고 그것이 기사화되면서 손님들이 물밀듯 찾아왔.

한번 입소문이 나면 그다음부터는 한결 수월해진다. 그렇게 실패의 굴레에서 쳇바퀴를 돌기 시작한 지 22년 만에 남상 씨는 드디어 성공이라는 말을 할 수 있게 됐다. 28억 원의 빚도 3년 만에 20억 원 넘게 갚았다.

　매력이란 사람을 끌어당기는 힘이다. 무언가를 끌어당기려면 자기 안에 힘이 있어야 한다. 남상 씨는 죽을힘을 다해 살려고 했다. 실패를 거듭하면서도 어떻게 하면 해결할 수 있을까, 끊임없이 노력했다. 그 노력이 남상 씨의 힘으로 작용한 것은 아닐까.

　'남에게서 이득을 얻고자 한다면 남에게도 이득이 있어야 한다.'

　남상 씨의 경영 철학이다. 사람에게 속고 사람 때문에 무너졌다. 하지만 그를 다시 일으킨 것도 사람이었다. 그리고 그는 그 사실을 마음속 깊이 새기고 있다.

땅이 좋으면 다 된다

양동면에 위치한 더덕산 1호점으로 단체 손님이 도착했다. 멀리서 점점이 보이기 시작하더니 도착한 단체의 숫자는 엄청난 규모였다. 게다가 어린이도 드물지 않게 섞여 있었다. 남상 씨는 일반인을 대상으로 한 판매도 모자라 체험학습으로까지 그 영역을 넓혔다. 좀체로 경험하기 힘든 체험학습인 까닭에 입소문이 나 근방의 학교와 서울에서도 요청이 자주 들어온다. 더덕을 캐기 시작한 아이들의 얼굴에 호기심과 장난기가 차올랐다. 더 큰 더덕을 캘 욕심에 아이들의 손도 바빠졌다. 공부보다 산더덕 캐기에 더 집중력을 보이는 아이들은 캐는 양도 어마어마했다. 그래도 어른보다 캐는 속도가 느린 아이들에게는 체험 비용을 kg당 2만 원으로 했다. 하루에 많게는 세 팀이 오면 하루 217만 5000원 정도의 수입이 예상됐다. 학생들은 직접 캔 것은 물론 더덕 2kg을 덤으로 가지고 집으로 돌아간다.

그렇다면 남상 씨가 생산해내는 더덕의 품질은 과연 어느 정도일까? 싼 게 비지떡이라는 말이 있듯 남상 씨가 길러 판매하는 더덕은 비지떡일 수도 있다. 하지만 남상 씨는 자신 있게 최상급 품질임을 보장했다. 산더덕의 가치는 해발 600m 이상의 고랭지에서 자라느냐, 그리고 30%의 유기물이 섞인 토양에서 자라느냐가 기준이 된다. 한국임업진흥원의 전병성 선임연구원은 남상 씨가 더덕을 기르는 땅의 흙을 만져보더니 말했다.

"더덕 재배에 상당히 좋은 토양입니다."

남상 씨는 유기농 인증서를 가지고 있다. 이는 친환경 농산물임을 확인해주는 것이다.

"향이 굉장히 진하고, 보시다시피 사포닌 성분이 많이 들어 있습니다. 그래서 상품 가치가 상당히 높을 것으로 봅니다."

산림의 가치를 첫눈에 꿰뚫어본다는 산림의 도사 배흥섭 교수가 직접 더덕을 맛봤다. 향과 맛으로도 사포닌의 성분 함량을 가늠할 수 있다고 한다. 위를 튼튼하게 하고 폐 기능을 원활하게 한다는 사포닌 진액이 육안으로 확인될 정도로 풍부했다. 높은 가치의 조남 상표 산더덕을 캐고, 캐고 또 캐도 여전히 캘 것이 많아 이익을 남긴다니, 그가 그동안 기울여온 노력이 어느 정도인지 알 수 있었다.

산만 잘 알아도 먹고살 수 있다

남상 씨는 다시 산속으로 걸음을 옮겼다. 수령이 오래된 나무 앞에 선 그는 허리를 숙여 나무 냄새를 맡고, 손으로 더듬어 꼼꼼히 토질을 살폈다.

"이렇게 나무가 잘 자란 곳은 땅이 좋다는 이야기입니다. 땅이 좋으면 손으로도 땅이 잘 파집니다. 이런 데는 뭘 심어도 진짜 잘 자랍니다."

유물을 발굴하듯 흙을 파헤치는 그의 손길이 섬세했다. 좋은 볍씨를 고르듯 냄새를 맡고 손으로 비벼보다가 남상 씨가 자리에서 일어났다. 그는 한참 동안 세심하게 산을 둘러봤다. 그리고 곧장 산을 내려가 마을로 향했다.

"저 왔어요. 형님."

남상 씨는 방금 보고 온 산의 주인과 반갑게 악수를 나눴다. 괜찮은 산이 있다 싶으면 주저하지 않고 산의 주인부터 만나 설득하는 게 그의 일이다. 뭘 어떻게 운영하는지 제대로 설명해야 산을 임대해주는 산 주인들과도 신뢰가 두터워진다. 산 주인을 설득해 금방 허락을 얻어내는 것은 남상 씨에게 어려운 일이 아니었다.

"매년 현금으로 임대료를 받고, 또 다양한 수종의 묘목을 거기에 심으니까 산 주인에게도 유리합니다."

산 주인은 남상 씨의 사업을 신뢰하는 듯했다. 한마디로 서로 남는 장사였다. 산을 소유하고 있어 재산세만 내는 산 주인은 남상 씨에게 임대료를 받고, 더덕 심느라 벌채한 나무를 팔아 소득을 보게 된다. 게다가 나중에 남상 씨가 돈이 되는 나무를 심어준다니 손해 볼 일이 없다. 보통 1만 평 기준으로 한 해 820만 원 정도의 임대 수익을 얻고, 면적이 넓으면 수익은 더 많아진다.

남상 씨 입장에서는 산더덕 재배에 필요한 씨앗값, 퇴비값, 장비값 등 각종 제반 시설비를 포함에 5년에 5000만 원만 투자하면 5년 후에는 투자비를 제외하고도 8억 5000만 원의 수익을 얻을 수 있다.

"우리나라의 임야가 60%가 넘는데 그중 5%나 10%만 잘 관리해도 산만 가지고도 먹고살 수 있는 여건이 생깁니다."

남상 씨는 자신 있게 말했다. 2013년 기준으로 개인이 소유하고 있는 산림이 424만 ha 정도 된다. 이 중 33%만 산림 경영이 이루어지고 나머지 67% 정도는 활용하지 못하고 있다. 그 말은 우리나라 사유지 산 중 남상 씨처럼 활용해 돈을 벌 수 있는 산이 67%나 있다는 뜻이니, 남상 씨의 말도 일리가 있다. 산림청에서 국고 지원까지 해주고 있어 잘 알아보면 돈 안 들이고 돈 벌 방법을 찾을 수 있다.

괜찮다, 다 괜찮다

남들보다 훨씬 이른 시각에 나갈 채비를 마친 남상 씨는 서둘러 새로 산더덕을 심을 산으로 향했다. 산은 벌목이 한창이었다. 벌목 현장에는 쓰러진 나무들이 가득 쌓여 있었다. 차에 싣는 데 꼬박 5일이 걸리는 경우도 있다. 남상 씨는 산더덕으로 돈을 벌어 또 산에 새두자해 산더덕 재배 면적을 넓혀가고 있었다. 남들은 그래서 돈을 손에 만질 수 있겠느냐고 하지만 그는 아들대까지 먹고살 수 있는 부지를 확보할 목표를 가지고 있다. 남상 씨는 새로 산더덕을 심을 부지를 보면서 초심을 다졌다. 어떻게 노력하느냐에 따라 다르겠지만 또 몇 십 억의 부가가치를 올릴 수 있는 농장을 만들겠다는 그의 꿈이 눈앞에서 펼쳐지고 있었다. 그는 산 아래에 쌓아둔 비료를 다 뿌리고 나서야 비탈진 산을 올라와 한숨을 돌렸다. 그의 시선이 산비탈에 머물렀다.

"저걸 어떻게 해? 그러면 아무것도 할 게 없어요, 나는 할 수 있다고 생각하며 실행했을 때 뭐라도 할 수 있는 거예요."

뚝심으로 부를 일궜음을 증명이라도 하듯 그의 몸에는 낫으로 찍히고 무거운 돌에 찍힌 상처들이 훈장처럼 남아 있었다. 그 상처들은 열심히 살아온 그의 인생 역사였다. 그는 괜찮다고 버릇처럼 말했다. 괜찮아, 괜찮다. 그가 스스로 할 수 있는 최고의 위안이었다. 숨이 차고 허리가 끊어질 듯 아프지만 괜찮아, 괜찮다, 마음을 다잡는다. 남상 씨는 하루 종일 산에서 일한 뒤 흙먼지를 뒤집어쓴 옷차림으로 집으로 향했다.

돈을 벌기 시작하고 가장 먼저 집부터 마련했다. 100평 대지에 건평 45평의 2층집은 5억 원 가치를 떠나 가장 자랑스러운 그의 소유물이었다. 뿔뿔이 흩어졌던 가족을 한곳에 모이게 하는 계기가 됐으니까, 그보다 더 큰 가치는 없었다. 15년 전 지은, 아내에게 주는 선물이기도 한 그 집을 남상 씨는 둥지라고 불렀다. 가족 경영을 하다보니 집 1층에는 바로바로 작업할 수 있는 작업장을 마련했다. 작업장에서는 남상 씨의 아내와 아들이 더덕을 분류하고 있었다. 아들은 7년 전부터 아버지의 뒤를 잇기 위해 산더덕 일을 배우고 있다. 아들도 이미 더덕 선수다. 아들이 더덕을 분류하는 사이 아내가 포장에 나섰다. 불시에 오는 주문 전화 덕에 대충 적은 주문 쪽

지들을 작업장 곳곳에서 쉽게 볼 수 있었다.

"바쁘니까 급한 마음에 아무 데나 이렇게 막 적어요."

아내는 주문 쪽지들을 찬찬히 정리하며 주문량에 맞게 산더덕을 포장했다. 백화점에 대량으로 들어가는 산더덕 외에 따로 주문이 들어오는 더덕은 하루 10박스에서 많게는 50박스를 포장한다. 포장이 많은 날은 하루 500만 원에서 600만 원 정도의 수입이 오르기도 한다. 백화점과 대형 마트 납품, 체험학습, 전화 주문 판매, 원자재 납품까지 계산해보면 이 집의 연 매출은 8억 원으로 추산된다. 온 가족의 일과가 모두 끝난 저녁, 가족들은 그제야 일을 마치고 서로 마주 앉았다. 하루 종일 각자의 위치에서 힘을 쏟은 가족들의 얼굴이 밝아졌다.

남상 씨의 손. 거친 작업 때문에 남상 씨는 오른손 엄지손가락 한 마디를 잃었다.

남상 씨의 집. 남상 씨는 자신의 집을 둥지라고 부른다. 그의 집에는 가족이 모두 모여 살고 싶다는 꿈이 담겨있다.

거저 되는 것은 없다, 해서 안 되는 것도 없다

"산이라고 해서 거저 되는 것은 없어요."

남상 씨는 산더덕이 흡수해야 할 양분을 잡초들이 뺏지 않게 하기 위해 산의 잡초를 모두 제거하는 제초작업이 중요하다고 말했다. 그 어마어마한 양을 남상 씨는 혼자 해낸다. 총 4만 평을 제초하는 데는 30일이 걸린다. 그는 인생의 어느 순간부터 이렇게 마음먹었다. 세상 모든 일은 노력 없이 되는 것 없다고. 그래서 하루하루 긴장을 놓지 않고 더욱 독하게 노력하며 살아간다.

"사람은 도전 정신이 있어야지, 모든 거에. 하나 하다보면 둘을 할 수 있고 둘을 하다보면 셋을 할 수 있는데 한 번 해서 실패했다고 그만두면 완전 실패가 되지만 실패해도 자꾸 도전하면 그건 배우는 과정이 되거든요. 그래서 실패가 아니죠, 그건."

한 기업이 성공했다는 것은 과거에 누군가의 용기와 도전이 있어서 가능했다는 말이 있다. 남상 씨의 사업이 번창한 이유도 비슷하다. 그는 자신의 일 앞에서 용기와 결단, 그리고 도전하는 데 주저하지 않았다.

언젠가부터 산으로 향하는 초입에서 그를 기다리는 사람들을 종종 만난다. 바로 남상 씨의 산림 경영 노하우를 배우고자 하는 사람들이다. 남상 씨의 산더덕 재배 사례가 전국적으로 유명하다고 해서 현장 답사를 자청한 사람들이다. 산으로 올라갈 수 있는 용달차를 얻어 타고 온 손님이 도착하자 남상 씨는 그제야 일을 시작하기 위해 사람들을 이끌고 산기슭을 올랐다. 추위에 언 땅을 부드럽게 골라주고 그 위에 씨를 뿌리는 일이다.

"씨를 뿌리고 골고루 파서 씨가 안 보이도록 묻어야 합니다."

남상 씨는 현장 답사를 온 사람들에게 정성스럽게 설명했다.

"이렇게 뿌리면 내년에 몇 퍼센트 정도 싹이 납니까?"

"한 70~80%는 나와요, 그래서 깊이 파는 것보다 골고루 편평하게 파주는 게 좋아요."

정년퇴직 후를 생각해 미래를 설계하고 있다는 남자는 남상 씨의 친절함에 연신 고마움을 표했다. 현장 답사를 온 사람들 속에는 젊은 청년도 있었다.

"다른 젊은이들처럼 그냥 회사에 들어가는 것보다 전 이게 더 재미있을 것 같고 비전이 보입니다."

인생의 비전을 사회적 잣대에 맞추는 시대는 이미 지났다. 모두 같은 비전을 가지고 살아간다면 세상은 얼마나 각박해지겠는가. 남상 씨는 자신에게 찾아온 위기를 기회로 삼았다. 자신 앞에 있는 벽의 어마어마한 높이와 견고함에 굴하지 않았다. 그는 그 벽을 넘었다. 자신에게 닥친 시련을 똑바로 마주하고 그것을 넘어서며 목표를 이루었을 때, 그 성과는 그만큼 절실해지고 소중하게 간직된다.

남상 씨도 마찬가지다. 자신이 이룬 모든 것은, 죽음의 문턱까지 가게 했던 시련을 똑바로 바라보고 이겨내며 얻은 것이었다.

거친 돌밭에 핀 꿈

햇살이 한풀 꺾인 오후 남상 씨는 아내를 대동하고 산에 올랐다. 아내를 데리고 산을 오를 때면 남상 씨는 꼭 아내에게 뭔가를 자랑했다. 산 중턱에 오른 남상 씨가 삽으로 땅을 파기 시작했다. 그는 더덕 캘 때의 경쾌한 삽 놀림이 아닌 어딘지 조심스러운 삽질이었다.

"이것 봐. 내 얼굴보다 크네. 더덕보다 삼이 훨씬 잘생겼네."

남상 씨는 제2의 산 사업으로 만 8년 전부터 새롭게 산양삼을 심기 시작했다.

"산더덕보다 한 열 배는 이윤이 더 나온다고 봅니다. 산더덕 심는 것보다 힘은 덜 들고 소득은 훨씬 높습니다."

남상 씨는 맨 처음 산더덕이 싹을 틔웠을 때도 아내를 데려와 자랑했다. 자신이 열심히 일한 만큼 아내에게 인정받고 싶었고, 아내에게 보상해주고 싶은 마음이 있었다.

"당신 산삼도 먹고, 산더덕도 먹고…. 시집 잘 왔네, 우리 옥자 씨 그냥 복이 넝쿨째 굴러왔지?"

남편이 농담을 했다. 아내는 웃으며 산양삼이 자라는 들판으로 시선을 옮겼다. 산양삼이 자라는 부지만 해도 약 79만 m². 남편은 웃으며 노후엔 값비싼 명품을 실컷 걸치게 해주겠다고 하지만 아내는 필요 없단다. 지금 행복이 꾸준히 유지될 수 있으면 족하지 아무 욕심도 없다는 것이다. 지금껏 인생이란 산에 뿌려온 실패와 도전의 씨앗들, 싹이 나지 않는다고 생각했지만 남상 씨는 어느새 그 씨앗의 열매들을 거두고 있었다.

집으로 돌아온 부부는 또다시 팔을 걷어붙이고 일을 시작했다. 몸은 고되도 마음은 즐거웠다. 온 가족이 도란도란 작업장에서 포장 작업을 했다.

"선물 몇 개 포장했어?"

남상 씨는 마음이 바빴다. 명절을 앞두고 선물 포장 주문이 밀려

남상 씨는 더덕 사업이 안정되자 곧바로 산양삼 사업을 시작했다. 더덕 재배가 단기 사업이라면 산양삼 재배는 장기 사업인 셈이다. 그는 늘 앞을 내다보고 사업을 구상한다.

들었다. 하루 사이 산양삼과 더덕을 찾는 사람이 많아져서 손님과 약속한 날짜를 맞추기 위해서는 부지런히 움직여야 했다. 유기농 인증서를 일찍이 받아둔 터라 대형 마트와 백화점에서는 이미 산양삼이 높은 몸값으로 거래되고 있었다.

산양삼을 가지고 대형 마트와 백화점으로 품질 검사를 받으러 갔다가 돌아온 남상 씨의 손에 쇼핑백이 가득 들려 있었다. 백화점에서 품질을 인정받아 매출이 20% 이상 올랐다고 한다. 기쁜 마음에 가족에게 줄 선물을 샀다. 선물을 든 그의 손이 어색했다. 평소 안 하던 행동을 하려니 남상 씨의 행동이 굼떴다. 돈만 생기면 가족보다 산에 투자하기 바빴던 아버지, 남편이 어색하기는 가족들도 마찬가지였다. 작은 장갑 선물 하나에도 이렇게 웃음꽃이 피고 좋으니 말이 없던 아들도 보쌈을 싸서 아버지 입에 넣어주는 걸로 고마움을 전했다.

"이렇게 둘러앉아 먹으니까 좋네요."

아들의 목소리가 촉촉하게 젖었다, 행복해서.

"너희들이 있으니까 아빠가 듬직하다. 그래서 잘 좀 물려받았으면 해. 잘 좀 배우자."

남상 씨의 목소리도 촉촉하게 젖었다, 행복해서. 가족들 때문에 살고 싶었고, 가족들 때문에 독하게 살아온 세월, 그에겐 이제 행복할 일만 남았다.

돌밭 길을 걸을 때 길에 깔린 돌을 몽땅 없앨 수는 없다. 하지만 좋은 신발을 신어 돌부리에 걸리지 않을 수는 있다. 누구에게나 인생은 거친 돌밭 길과 같다. 인생에 닥친 고난을 모두 없앨 수는 없다. 하지만 고난을 받아들이고 헤쳐 나가려고 하는 마음가짐을 굳게 한다면 그때부터는 고난은 고난이 아니게 된다. 남상 씨의 성공은 우연이 아니다.

"누구에게나 위기가 옵니다. 그런데 그 위기 속에 큰 기회가 있어요. 위기에 주저앉으면 절대 기회를 만날 수 없습니다."

성공의 열쇠는 자신에게 있다. 중요한 것은 자신 앞에 보이는 현실을 직시하는 것이다. 현실에서 자신에게 주어진 일에 책임을 다하는 존재가 되고 진지하게 그 일에 몰두한다면 위기는 기회가 된다. 남상 씨는 자신 앞에 깔린 거친 돌밭 길을 천천히 걸어 빠져나왔다. 불행을 직시하고 받아들이는 좋은 신발을 신는다면 누구라도 돌부리에 걸리지 않고 천천히 앞으로 나아갈 수 있다.

갑부의 비밀 사전 •

용문산 봉이 김선달의
위기 관리법

1 실패도 자산이다!

실패는 성공의 어머니라는 말이 있다. 상투적인 말이지만 이 말은 실패를 딛고 일어선 사람들에게는 진리 같은 말이다. 남상 씨는 다양한 작물 농사를 지었고 실패를 거듭했다. 남상 씨는 몇 번의 실패로 28억 원이라는 빚을 떠안았다. 하지만 그 28억 원의 빚이 성공의 시발점이 됐다.

남상 씨는 감당하기도 힘든 빚과 가진 것이라곤 더덕 씨 20가마뿐이었던 그때, 표고버섯을 재배하면서 알게 된 수종갱신이란 방법을 활용해 국내 최초로 더덕 씨를 산에 뿌리고는 성공의 해법을 찾았다. 그동안 농사를 지어오며 깨달은, 계절에 따른 작물 재배 주기, 토양의 성질, 작물의 특성 같은 산 지식으로 산더덕 재배에 성공했다.

실제로 남상 씨가 키우는 산더덕은 일반 더덕보다 월등히 많은 사포닌을 함유해 특급 품질을 자랑한다. 이런 좋은 품질의 산더덕으로 많은 매출을 올릴 수 있었던 것은 바로 남상 씨가 실패를 거듭하며 얻어낸 교훈들이 거름이 됐기 때문이다.

2 준비하라, 늘 최악의 상황을!

남상 씨는 늘 최악의 상황을 염두에 두고 미리 대비한다. 농사가 자리를 잡을 즈음 수확을 앞둔 산더덕을 들쥐 떼가 먹어치우는 피해를 보았다. 이 사태를 수습하기도 전에 산더덕즙 사업을 준비하다 사기까지 당했다. 하지만 그가 다시 큰 실패를 겪지 않은 것은 그동안의 실패를 교훈 삼아 다른 실패를 미리 예방했기 때문이다.

산더덕 농사의 특성상 미리 씨를 뿌려놓으면 한 해 흉작이라 해도 뿌려둔 더덕 씨가 싹을 틔워 자라며 손실을 보충해주기 때문에 남상 씨는 될 수 있는 한 산더덕 씨를 많이 뿌려뒀던 것이다. 다음 해 자라난 산더덕으로 남상 씨는 1억 원 이상의 수익을 얻었고, 손해 본 것을 복구할 수 있는 밑천을 얻었다. 그는 불투명한 미래를 개척하기 위해 노력을 아끼지 않았고, 그래서 국내 최초로 산더덕 재배에 성공해 신지식인으로 선정됨과 동시에 초졸 학력에도 불구하고 국비 지원으로 서울대 농업경영 지도자과정을 이수하는 기회를 얻었다.

3 사즉행(思卽行), 생각했다면 즉시 실천하라

사실 남상 씨는 '스펙'이라고 하는 것들을 거의 갖추지 않았다. 그럼에도 성공 가도를 달릴 수 있었던 것은 추진력이 있었기 때문이다. 남상 씨는 하면 된다는 신념으로 무조건 행동으로 옮겼다. 단, 행동할 때는 성실해야 한다. 남상 씨는 어떤 난관이 앞을 가로막아도 성실하게 일어설 방법을 찾았다. 그런 그의 뚝심은 주변 사람들에게 신뢰를 주었다. 남상 씨가 실패를 거듭하고 빚에 쪼들려 힘들어 할 때, 그의 그런 모습을 본 주변 사람들은 집, 농기계를 담보로 그에게 사업 밑천을 마련해줬다. 그들이 남상 씨에게 돈을 빌려줄 수 있었던 것은 남상 씨의 성실함과 추진력에 대한 믿음이 있었기 때문이다. 하늘은 스스로 돕는 자를 돕는 법이다.

3000원 칼갈이로 수십억 자산을 모으다

5

노량진 수산시장 대장장이 전만배

남들이 기피하는 일이 최고의 기회가 될 수 있습니다.

개밥 먹으며 자란 소년

남자는 대장장이의 아들로 태어났다. 그에게 가난은 타고난 것이었다. 불평해도 쉽게 벗어날 수 없었다. 그래서 남자는 걸음마를 떼자마자 노동을 배웠다.

  고사리손으로 호미질을 하고, 낫질을 했다. 먹을 것을 얻기 위해 하루 종일 일하는 부모님의 손을 조금이라도 덜어주고 싶었는지도 모르겠다. 가끔 하늘을 올려다보면 너무도 평화로워, 자신만 힘들게 사는 것 같아 엉엉 울기도 했다. 늘 배가 고팠고, 건기를 맞은 초식동물처럼 먹을 것을 찾아서 산으로 들로 쏘다녔다. 유년 시절 그는 빈궁(貧窮)을 친구처럼 가깝게 두고 살았다. 그런 그에게 큰 상처가 되는 일이 생겼다.

  어느 날 길을 걷다가 쏜살같이 앞을 지나가는 어머니를 만나 손을 흔들며 반겼지만 어머니는 그를 보지 못하고 급하게 어딘가로 걸어갔다. 반가운 마음에 열심히 어머니를 따라갔는데, 그날따라 어머니의 행동이 뭔가 이상해 보였다. 사람 눈치를 살피며 도둑질이라도 하는 듯 초조해 보였다. 한참을 걷던 어머니는 어느 집 개 앞에서 걸음을 멈췄다. 그리고 준비한 비닐봉지에 개밥을 쓸어 담았다. 그날 어머니가 훔친 것은 개밥이었다. 그는 그 모습을 멍하니 지켜볼 수밖에 없었다. 바삐 개밥을 훔쳐 달아나는 엄마의 뒷모습은 어린 그에게 영원히 아물 수 없는 상처로 남았다. 그의 가족은 먹을 게 없어 남의 집 개밥까지 씻어 먹었던 것이다. 자신이 맛있게 먹은 것이 개밥이란 것을 알게 된 그는 차마 집으로 들어갈 수 없었다. 그는 당연히 찾아오는 허기가 죄스러웠다.

남자는 이후 가난이 미워서 치를 떨었다. 그래서 열네 살의 나이에 대장장이가 됐다. 교복을 입고 중학교에 입학하던 친구들을 그저 부러운 눈으로 바라보며 쇠를 달구고 망치질을 했다. 그는 20대가 될 때까지 평생의 소원이 맛있는 것을 배불리 먹어보고 죽는 것이었다. 하지만 국수나 보리죽도 양껏 배불리 먹은 적이 없었다. 그는 지금 수십억 원의 자산을 모은 칼갈이 명인이 됐다. 그가 바로 전만배 씨다.

3000원의 기적

사람들은 칼을 갈아서 억대의 수입을 올린다는 말에 대부분 의구심을 갖는다. 2000원에서 3000원을 받아 억대의 수입을 올리려면 100년은 벌어야 한다고 생각하기 때문이다. 그러나 59세의 만배 씨는 칼갈이로 억대의 연 매출을 올린다. 도대체 어떻게 이런 일이 가능할까?

매일 만배 씨에게 도착하는 칼은 종류만 해도 수십 가지가 넘는다. 가정용 식칼부터 시장 상인들의 회칼, 요리사들의 칼은 물론 가정용 가위부터 정육점에서 쓰는 가위까지 그는 날을 세울 수 있는 것은 뭐든지 받는다. 본격적으로 작업이 시작되자 만배 씨와 그의 일을 돕는 아들의 손이 바빠졌다.

"3000원씩 받고 갈아주는 겁니다. 더 망가진 건 1000원이나 2000원을 더 받고, 비슷한 칼이지만 비싼 칼이면 비싼 만큼 더 받아요.

칼 하나를 가는 데 걸리는 시간은 1분 30초, 그 짧은 시간 동안 그가 벌어들이는 수입은 평균 3000원 정도다. 순식간에 작업을 마치니 아무리 칼 하나당 3000원을 받는다고 해도 꽤나 쏠쏠한 수입이다. 게다가 한 번에 여러 자루의 칼을 맡기는 손님이 태반이다. 만배 씨가 자리 잡은 곳은 노량진 수산시장이 아닌가. 하루에도 수백 마리 생선의 배를 가르고 뼈를 토막 내는 상인들이 즐비한 곳. 충성 고객으로 가득한 그야말로 칼갈이에는 최적의 환경이다.

그렇게 따져본 그의 한 시간 수입은 10만 원 정도. 하루 8시간 일하는 것으로 따지면 하루 매출이 80만 원이다. 단순하게 계산해도 월 매출은 2000만 원 정도. 별도의 재료비가 들어가지 않는 작업의 특성상 다른 일에 비해 순수익도 더 많다.

이렇게 모은 그의 총재산은 얼마일까.

그의 자산은 28억 원에 달한다. 여러 번의 실패를 겪고 칼갈이로 돈을 제대로 모으기 시작한 것이 10년이 채 안 되는 시간임을 감안하면 엄청난 자산이다. 꾸준하게 성실하게 걸어온 그의 삶을 보상하듯 3000원은 그렇게 기적을 만들었다.

◆ 만배 씨의 한 달 예상 매출

* 1시간당 매출 10만 원 예상
하루 매출 : 시간당 매출 10만 원 X 8시간 = 약 80만 원
한 달 매출(한 달 평균 25일 근무) : 하루 매출 약 80만 원 X 25일 = 약 2000만 원
1년 매출 약 2억 원 예상!

프로의 칼날 같은 원칙

볼일을 마치고 온 만배 씨의 아내 종순 씨가 가게에 들어서자마자 정리정돈을 시작했다. 종순 씨가 가게 정리를 하기 시작하니 만배 씨도 퇴근 준비를 하기 시작했다.

"엄마, 돈 못 벌어서 기분 별로지?"

아들이 종순 씨를 보며 말했다. 종순 씨는 고개를 저었다.

"아니야, 이 정도면 됐어. 누가 보면 나를 악덕 기업주로 알겠다."

종순 씨의 농담에 만배 씨가 껄껄 웃었다. 영업 종료 준비가 끝나가는데 손님 한 명이 들어섰다.

"끝났어요?"

손님은 곤란한 듯 만배 씨에게 말했다.

"사장님, 저 인천에서 왔는데요."

"인천이 아니라 부산에서 왔어도 안 돼요. 오후 3시 반 땡 하면 기계 돌릴 때 쓰는 물을 빼버려요."

"한 번만 해주시면 안 돼요?"

곤란한 표정을 지으면서도 손님은 물러서지 않았다. 만배 씨는 단호하게 이야기했다.

"안 돼요. 수백만 원을 줘도 난 못 해."

종종 영업 시간이 지나 도착하는 사람들이 있는데 이런 손님의 칼은 절대 갈아주지 않는다.

"최소한 최고 대장장이 소리를 듣는 사람이 스스로 정한 규칙은 칼같이 지켜야지."

그는 그렇게 말했다. 영업 종료 후에는 절대 일을 더 받지 않는다. 그것은 그의 칼 같은 성격 탓에 9년 동안 단 한 번도 깨뜨린 적이 없는 그의 첫 번째 원칙이다.

"내가 내 영업시간 이후에 온 사람 칼을 갈기 위해서 시간을 더 소비하면 잠깐 돈을 벌 수는 있지만 그러면 그다음 날 다른 손님들이 피해를 보게 될 수도 있어. 그러면 안 되지."

성공한 사람들에게는 반드시 그렇게 만든 그 사람만의 규칙이나 습관이 있다. 수많은 시련과 실패를 딛고 일어난 카네기는 좋은 규칙은 인간 생활의 위대한 안내자라는 말을 했다. 이는 만배 씨에게도 비슷하게 적용되는 말이다. 그가 이렇게 정해진 시간에 일어나고 정해진 시간에 영업을 종료하는 이유는 자신을 찾는 많은 사람과의 약속을 지키기 위해서다.

오후 3시 반 영업을 마친 만배 씨는 밝은 얼굴로 집으로 향했다. 남들은 아직 일할 시간이지만 만배 씨의 시계는 독자적으로 돌아간다. 그는 오전 3시에 나와 오후 3시 반에 영업을 종료한다.

그의 집에는 그 혼자만 머무르는 공간이 있다. 자신만의 특별한 보물창고라는 그 방은 애지중지하는 수백 개의 칼을 보관하는 일명

칼방이다. 그는 칼에 대한 연구를 게을리하지 않는다. 그의 칼방에는 초밥을 만드는 고급 회칼부터 용도에 따라 사용자에 따라 제각각 개성이 강한 칼들이 종류별로 전시되어 있다. 그는 칼의 특징부터 용도까지 정확하게 파악하고 연구했다. 그가 제일 아끼는 칼은 일본의 한 대장간에서 만든 칼. 한 자루의 가격은 1200만 원을 호가한다. 단순히 가격을 넘어서 예술에 경지에 오른 수제 칼은 만든 이의 오랜 숙련 과정과 흘린 땀이 고스란히 배어 있어 공장에서 만들어진 그 어떤 값비싼 칼보다 더 아낀다고 했다. 그가 소장한 칼의 가격만 해도 총 2억 원가량.

"OO클래식 시리즈 OO. 이 칼의 이름이야."

그는 손님들이 가져온 칼의 이름도 척척 알아맞혔다. 칼의 특성

만배 씨 집에 있는 '칼방'.
그는 시간이 날 때마다 이곳에서 칼의 종류와 특성을 연구한다.

과 용도를 칼의 주인보다 더 정확하게 알고 관리법까지 안내한다. '돈을 받으려면 돈값 이상은 하라'. 그의 두 번째 원칙이다.

바깥에서는 지독할 정도로 깐깐한 칼의 명장인 그도 집에서는 손자 손녀들 재롱 보는 맛에 시간 가는 줄 모른다고 했다. 온 가족이 다 모여 살기 위해 긴 복도와 여러 개의 방, 넓은 주방을 갖춘 큼지막한 집을 장만한 것도 그래서였다. 만배 씨는 독하게 번 돈이어도 손자들에게 쓰는 것은 전혀 아까워하지 않았다. 행복하지도 풍족하지도 못했던 그의 과거는 지금의 순간을 만들기 위한 과정이었다.

칼마다 사연이 깃들어 있다

어릴 적부터 일찍 일해버릇해 새벽 일이 몸에 밴 만배 씨, 그가 일어나는 시각은 늘 오전 3시. 그의 인기척에 아내도 새벽 단잠에서 깼다. 만배 씨가 옷을 입고 준비하는 동안 아들도 슬슬 채비를 시작했다. 만배 씨는 자신의 삶에 꼭 맞는 시간을 스스로 결정했다.

아들은 분주하게 수레에 상자를 실었다. 가게에서 쓸 연장을 수레에 챙겨 실으면 그의 출근 준비는 끝난다. 가게 문을 열기 위해 부자는 지체 없이 한산한 새벽 도로를 달렸다. 모두가 잠든 새벽 시간, 그러나 노량진 수산시장 안은 이미 활기가 넘쳤다. 전국의 바닷

가에서 온 싱싱한 물고기들이 팔팔한 힘을 자랑하며 쉴 새 없이 쏟아지는 광경을 보며 만배 씨의 기분도 새벽 공기처럼 상쾌해졌다.

시장 상인들의 눈도 반짝반짝 빛났다. 부지런한 서민들의 희노애락이 담긴 시장은 그를 늘 열심히 살도록 채찍질하는 학교 같은 곳이다.

만배 씨는 청소를 마치고 본격적인 작업에 앞서 준비에 들어갔다. 새벽 손님을 맞기 위해 그의 손이 바빠졌다. 기다렸다는 듯 첫 손님이 들어왔다. 시장 상인이었다. 그가 맡긴 것은 생선을 토막 낼 때 사용하는 무쇠칼이었다. 만배 씨는 칼을 갈기 전 칼 상태를 파악하는 것을 중요하게 생각한다. 칼을 받아들자마자 바로 이리저리 살폈다. 이가 빠지고 무뎌진 날을 세우는 작업은 총 다섯 단계로 이뤄진다.

첫 단계는 거친 숫돌을 이용한 초벌 연마다. 칼날의 형태를 대충 잡아주는 과정이다. 좀 더 고운 숫돌을 사용해 중벌 연마를 하는 게 두 번째 단계. 그다음 칼날의 두께와 각도까지 잡아주는 재벌 연마를 거친다. 그러고 나서 칼의 단면까지 세밀하게 다듬고 마지막으로 잘 닦아주면 작업이 끝난다. 모든 연마 과정이 끝날 때까지 만배 씨의 눈은 칼을 떠나지 않는다. 그의 손이 오갈 때마다 늙은 사람의 몸처럼 녹슬고 이 빠진 칼이 금세 새것처럼 반짝였다.

아침이 밝아오면 칼갈이 매장은 또 다른 부류의 손님이 들기 시작한다. 아침 시간에 만배 씨를 찾아오는 사람들은 대부분 전문 요리사들이다. 일식 요리사 권태윤 씨는 그의 오랜 단골이다. 그는 제법 큰 규모의 일식집을 운영하는 실력파 요리사로서 일식의 특성 때문에 칼에 대한 깐깐함을 절대 포기할 수 없는 사람이다. 그에게 칼은 곧 자존심이었다. 한 자루에 40만~50만 원을 호가하는 일식 요리용 칼은 다른 칼보다 예리하게 좀 더 날을 세워야 한다. 9년째 그의 칼은 날이 무뎌질 때마다 만배 씨의 손에서 다시 태어난다.

권태윤 씨는 만배 씨가 날을 세워준 칼을 이용해 손님 앞에서 참치를 해체한다. 1000만 원에 육박하는 고급 식재료인 통참치를 부위별로 해체하는 까다롭고 정밀한 작업에 만배 씨가 날을 세워준 칼은 능력을 제대로 발휘한다. 돌만큼 단단한 머리뼈도 단숨에 잘라내고, 등살과 뱃살이 해체되는 동안 칼은 물을 가르듯 부드럽고 유연하게 움직였다. 참치는 칼질에 따라 맛이 좌우되는 민감한 식

숫돌 연마 과정에는 그의 오랜 노하우가 집적되어 있다. 손끝에 닿는 미세한 느낌만으로 그는 칼날을 정확히 다듬는다.

재료인데, 얼마나 부드럽고 가볍게 절삭이 되느냐에 따라 식감이 완전히 달라진다. 손님들이 소고기 꽃등심을 살짝 구운 것보다 더 맛있다고 호평하는 참치 한 점은 어찌 보면 만배 씨가 연마한 칼의 정수가 녹아 있는 작품이 아닐까.

가끔 입소문을 듣고 특별한 손님도 찾아온다.

"이 정도 칼이면 몇 천 원 아니면 1만 원 안쪽에서 살 수 있기 때문에 차라리 사는 게 쌉니다."

"근데 우리 결혼할 때 시아버지가 사주신 거라 아까워서요."

만배 씨의 권유에 중년의 손님이 말했다. 만배 씨는 손님이 가져온 칼을 이리저리 살폈다. 한눈에 봐도 칼날이며 칼자루며 성한 곳이 없었다. 30년이 넘은 칼이었다. 사는 것보다 수리비가 비싸니 배보다 배꼽이 큰 격이었다. 그렇지만 만배 씨는 결국 수리해주기로 했다. 그는 망치질 하나에도 정성을 다했다. 오래된 칼은 대수술을 거쳐 새 생명을 얻었다.

"앞으로 30년은 쓰실 수 있을 겁니다. 며느리에게 대물림해도 될 정도로 손봤어요."

칼을 받은 손님은 몇 번이고 만배 씨에게 고맙다고 말했다. 추억이 있는 물건에는 돈으로 따질 수 없는 가치가 있다. 그래서 만배 씨는 그런 사연과 가치가 있는 칼에는 최선을 다한다. 누군가의 추억이 깃들어 있기에 손보는 사람에게도 뜻깊은 칼이었다. 그는 이런 사연을 들을 때마다 자신이 하는 일에 보람을 느꼈다.

칼갈이의 외도

만배 씨는 대전에 건물과 공장을 가지고 있다. 대전의 건물은 시가 12억 원 상당으로 사실 그는 여기서 나오는 월세만으로도 생활할 수 있다. 하지만 칼에 대한 애정 때문에 그는 칼 만드는 공장을 따로 운영하고 있다. 공장은 만배 씨가 오랜 세월 손때 묻힌 작업 공간이다. 최근에는 일주일에 절반 이상을 이 곳에서 머문다. 만배 씨에게 칼 공장은 쉼 없이 돌아가는 서울 생활이 지칠 때쯤 한껏 여유를 부릴 수 있는 곳이었다. 평생을 대장간에서 살아온 그에게 희뿌연 쇳가루도 정감이 가는 편안한 안식처다.

만배 씨가 운영하는 대전의 칼 공장.
이곳에서 그의 고집이 담긴 칼을 제작한다.

공장에서 칼 만드는 작업이 진행됐다. 섭씨 1600도 이상의 뜨거운 화로에서 달궈진 쇳덩이를 꺼내 망치로 두드리면 칼날의 원형이 만들어진다. 70년 된 기계의 힘을 빌려 칼의 원형이 만들어지면 용도에 맞게 수작업으로 칼의 사이즈와 날의 모양을 달리한다. 칼날의 모양을 만들었다면 다음 단계는 바로 연마다. 날을 세우는 연마 작업은 만배 씨가 늘 가장 중요하게 생각하는 고급 기술이다. 연마 작업이 끝나면 드디어 완제품으로 가는 마지막 공정인 손잡이 작업을 한다. 화로에 칼의 뒤축을 달궈 식기 전에 망치로 내려쳐 자루를 끼워주면 한 자루의 칼이 완성된다. 이렇게 1790m², 14억 원 상당의 드넓은 공장에서 만배 씨의 손을 거쳐 만들어지는 칼의 종류만도 무려 60가지나 된다.

"칼 만드는 일만큼 고부가가치 사업이 없다고 생각해요."

그가 이렇게 이야기하는 데는 다 그만한 이유가 있다. 만배 씨는 폐차장에서 나오는 자동차 고철을 재료로 칼을 만든다. 고철이 칼로 재탄생할 경우 200원짜리 재료로 2만 원의 수익을 낸다. 100배가 넘는 부가가치를 창출해내는 것이다.

만배 씨는 칼 만드는 작업이 하나하나 진행될 때마다 옛 생각이 아련하게 지나간다고 말했다. 아내와 함께 고생하며 칼을 만들었던 시절은 그가 만들어내는 칼처럼 매끄럽지만은 않았다.

쌍가락지에 얽힌 사연

사실 그는 독신주의자였다. 가난의 아픔을 자식들에게 물려주고 싶지 않았기 때문이다. 그러다가 아내를 만났다. 아내가 먼저 만배 씨에게 적극적으로 구애했고, 만배 씨도 결국 받아들였다. 둘만 있으면 다 잘될 것 같았는데 결혼해서도 살림은 크게 나아지지 않았다. 아내는 아이를 달래가며 만배 씨와 대장간에서 함께 일했다. 만배 씨만 보고 시집온 아내, 하지만 대장장이의 아내로 산다는 것은 말처럼 쉽지 않았다. 우는 아이에 손님 상대, 그리고 시집살이까지 그녀는 밤이 되면 녹초가 됐다. 하지만 만배 씨 앞에서는 한 번도 찡그리거나 귀찮아하지 않았고, 힘들다고 말 한마디 하지 않았다.

"그래도 나는 시집와서부터 고생했잖아요. 남편은 태어나서부터 고생했는데…."

만배 씨가 열네 살부터 일한 것을 알기 때문에 그녀는 힘들게 살아온 그의 삶을 이해했다. 만배 씨는 만배 씨대로 시집오기 전까지 집안일이라곤 해본 적 없이 귀하게 자란 아내에게 늘 미안했다. 만배 씨는 그래서 더 악착같이 일했다. 그는 자신이 만든 철물을 직접 내다 팔았다. 밤늦게까지 담금질을 하고 새벽같이 장터에 나가는 강행군이었지만 견딜 만했다. 그러나 늘 그렇듯 시련은 예상치 못한 곳에서 생긴다.

그런대로 잘 팔리던 물건들이 어느 날부터 매출이 급감하기 시작했다. 알고 보니 중국산 제품들이 벌떼처럼 밀려들어와서였다. 하나둘 대장간 문을 닫았고, 할 줄 아는 일이라곤 쇠 만지는 것밖에 없었던 만배 씨는 앞날이 캄캄했다. 물건을 팔 곳이 없어 만배 씨는 만들어놓은 물건을 차에 싣고 해안 도시부터 전국을 떠돌았다. 호미, 낫, 칼, 괭이까지 모든 걸 다 팔았다. 그러다가 유독 칼만은 용도에 따라 모양이 다르다는 사실을 어느 날 깨달았다. 칼은 주인의 인생을 책임지는 도구라고 할 수 있었다. 용도도 다양하고 비싸더라도 아낌없이 투자하는 경향이 강했다. 퍼뜩 칼을 특화해 제작하면 승산이 있을 것 같았다. 만배 씨는 그때부터 칼만 전문으로 만들었다. 자연히 중국산 저가 제품과 경쟁할 필요가 없었다. 형편도 조금씩 풀려갔다. 그러나 그게 끝이 아니었다.

겨우 먹고살 만하다 싶었던 시기에 만배 씨 아버지가 무리하게 주식 투자를 하다가 전 재산을 날렸다. 수천만 원에 달하는 거금을 한순간에 잃은 만배 씨는 좌절했다. 그의 수중에 남은 돈은 겨우 칼 다섯 자루를 만들 수 있는 재료비. 만배 씨는 그 돈으로 칼을 만들어 장터에 내다 팔았지만 상황은 좀체 나아지지 않았다. 수중에 돈은 없고 가진 것이라고는 기술밖에 없는데 그 기술자가 재료비가 없어서 논다는 것이 절망스러웠다. 그때도 아내는 곁에서 힘이 돼 줬다. 바로 결혼할 때 받은 패물을 내다 팔자고 한 것. 가슴이 무너졌지만 만배 씨에게 선택의 여지는 없었다. 칼 만들 재료를 구할 수 있다면, 돈이 되는 일이라면 뭐든지 해야 했다. 하는 수 없이 패물을 팔았다.

"이게 그 반지예요."

만배 씨의 아내는 숱한 사연이 있는 그 쌍가락지를 낡은 지갑 속에 소중하게 보관하고 있다. 돈으로 따지면 큰 가치가 없지만 그 반지는 그녀에게 최고의 보물이었다. 전당포에 맡겼다 찾길 여섯 번, 주인을 잘못 만나 풍파를 겪은 반지였다.

반격의 시작

기다리는 것과 가만히 있는 것은 천지 차이다. 준비하고 기다리다 보면 인생은 반드시 기회를 선물한다. 만배 씨에게도 그때가 왔다. 칼을 납품하며 근근이 생계를 유지하던 시절이다. 어느 날 우연히 한 시장에서 칼갈이를 하는 노인을 만났다. 노인 역시 불황으로 힘든 상황이었지만 그 모습을 보고 만배 씨는 불현듯 아이디어가 떠올랐다. 그날 저녁 만배 씨는 아내에게 폭탄선언을 했다.

"여보, 좋은 생각이 났어. 칼갈이를 해야겠어."

생각이 떠오르면 즉시 행동하는 만배 씨답게 그는 바로 칼갈이 사업을 할 장소를 물색했다. 그러던 중 사통팔달의 교통 요지, 서울 노량진이 눈에 띄었다. 그곳이라면 전국에서도 통할 것이라는 믿음이 섰다.

"무조건 자신이 있었습니다. 제대로 칼 쓰는 사람 한 사람만 와서 그 사람이 내 기술에 만족한다면 그 사람이 열 사람을 모아 올 것이라고 확신했습니다."

그의 예상은 적중했다. 칼을 분신처럼 여기는 요리사들 사이에서 칼 전문가가 나타났다는 입소문이 빠르게 번지기 시작했고, 곧 전국에서 만배 씨에게 칼을 맡기는 사람이 늘어났다. 특히 일식 전문 요리사들의 반응은 대단했다. 한 자루에 몇 십만 원을 호가하는 회칼은 날이 무뎌졌다고 쉽게 바꿀 수 있는 것이 아니었다. 그렇다고 날을 다시 세우자니 그것을 제대로 해줄 수 있는 기술자를 찾기 어려웠다. 그때 만배 씨가 등장한 것이다.

단순한 칼갈이가 아닌 대장장이로 살아온 덕에 만배 씨는 누구보다 칼을 잘 알고 있다. 그래서 그는 칼의 용도를 바꾸는 재제작 작업도 할 수 있다. 가끔 크기나 중량이 맞지 않는 칼을 사용자가 편하게 쓸 수 있도록 고치기도 하는데, 그 작업은 아무나 할 수 있는 게 아니다. 칼을 사용하는 사용자가 왼손, 오른손을 쓰는지까지 파악해 잘라진 칼끝의 두께와 각도를 새로 조정해야 하기 때문이다. 그의 손을 거친 칼을 받은 요리사들은 그 정교함에 혀를 내두른다.

실력이 곧 단골을 만드는 법이다. 입소문이 퍼지자 손님이 밀려오기 시작했고, 그가 금고로 쓰는 깡통에는 돈이 넘쳐났다. 실패와 고통으로 가득 찼던 그의 인생에 반전이 시작됐다.

남들이 피하는 일을 하라

"이거 전수받고 싶은 사람이 있으면 소개 좀 해주세요. 최소한 10년 안에 거의 지금 나만큼은 할 수 있도록 만들어줄 테니, 소개 좀 해줘요."

그의 고민은 자신의 기술을 전수받으려는 사람이 없다는 것. 많은 사람이 돈을 벌려면 어떻게 해야 하는지 묻지만 막상 하라고 하면 힘들고 위험한 일은 꺼리는 게 사실이다. 그때마다 만배 씨는 돈을 벌고 싶으면 남이 안 하는 걸 하라고 충고한다. 남이 할 수 없는 것을 하는 사람은 자기만이 할 수 있는 것을 하는 사람이고, 일에 대한 재미를 느끼기에 충분한 동기가 된다. 그 재미가 결국 돈하고 연결된다는 것이다.

"남들이 기피하는 일이 최고의 기회가 될 수 있습니다."

만배 씨는 힘줘서 말했다. 만배 씨의 아들도 가업을 잇기 위해 일을 배우고 있다. 젊은 나이에 아버지의 뒤를 이어 남들과 다른 길을 걷겠다고 나선 것이다. 만배 씨는 이 일이 얼마나 험한지 알기 때문에 가르치는 순간만큼은 아무리 아들 앞이라도 호랑이 선생님을 자처한다. 아들은 대장간 일부터 시작해 벌써 5년째 기술을 배우고 있다.

"쉬웠습니다, 어떤 것보다. 아버지가 다 이뤄놓은 길을 저는 걸어가기만 하면 되는 것이니까요. 제가 가장 중요하게 생각하는 것은 아버지의 기술을 온전히 물려받는 것입니다. 지금 아버지의 기술을 흉내라도 낼 수 있다면 좋겠습니다."

만배 씨의 아들 종렬 씨는 그래서 기술 연마를 게을리하지 않는다. 때때로 엄한 아버지가 서운할 만도 한데 그는 괘념치 않았다. 안 그러면 기술을 제대로 배울 수 없을 뿐 아니라 워낙 위험한 일

만배 씨가 아들 종렬 씨에게 칼날 연마 기술을 전수하고 있다.

이라 정신을 똑바로 차리지 않으면 크게 다칠 수 있기 때문이다. 그 역시 손가락 인대가 끊어져 두 번의 큰 수술을 받았다. 그래서 그는 아버지의 가르침 하나라도 허투루 듣지 않는다. 종렬 씨는 만배 씨가 걸어온 길을 묵묵히 밟아가며 새삼 아버지의 위대함을 느끼고 있었다.

누구나 성공할 수 있다

만배 씨의 아내는 매일 아침 협동조합에 들러 번 돈을 저축한다. 다시는 힘겨운 그때로 돌아가고 싶지 않은 마음도 있지만 힘들게 번 돈의 소중함을 알기 때문이기도 하다. 부부는 요즘 대전에서 새로운 미래를 설계하고 있다.
"새로 집을 짓자."
"필히 찜질방을 넣자."
부부는 대화마다 밝은 미래에 대한 기대감에 부풀었다. 쉼없이 달려온 만큼 행복하고 여유로운 인생 2막이 눈에 보이는 듯하다.
만배 씨는 자신은 성공한 사람이라고 했다. 좋은 칼을 가지려면 한 번은 찾아오고 싶은 사람, 한 번은 꼭 만나야 하는 사람, 사람들이 노량진의 전만배 하면 모두 고개를 끄덕이며 엄지를 치켜들게 하는 게 그의 목표였는데, 그것을 이루었으니 더 바랄 것이 없단다.
 누구나 성공을 꿈꾸지만 '성공'의 의미는 제각각이다. 성공의 사전적 의미는 '목적하는 바를 이루는 것'이라고 되어 있다. 만배 씨는 금전적인 의미에서나 사전적인 의미에서나 성공한 사람이다.
 삶은 고난의 연속이다. 하지만 고난을 이겨낸다면 아름답게 빛나는 게 또 우리의 인생이다. 가난한 대장장이의 아들로 태어나 숙명처럼 받아들일 수밖에 없었던 일, 하지만 그는 그 일로 최고의 경지에 올랐다. 확실한 목표와 그것을 이루기 위한 집요한 노력과 원칙이 있으면 누구나 만배 씨처럼 성공할 수 있지 않을까.

갑부의 비밀 사전 •

노량진 칼갈이 갑부 전만배 씨의 자기 관리법

1 인내심이 없다면 목표도 세우지 마라

자기 관리의 핵심은 목표를 세우는 것이다. 목표 없는 성공은 없다. 만배 씨는 '칼을 만지는 사람이라면 꼭 한 번은 만나야 할 사람이 되자'는 구체적인 목표를 세웠다. 그는 눈앞의 생계를 위해서 다른 길을 선택하지 않았다. 칼 다섯 자루를 만들 재료비만 있어도 작업장으로 가서 칼날을 두드렸다. 매사가 어려움의 연속이었고 고비였지만 그는 버텨냈다. 미국의 교수이자 작가인 브라이언 로빈슨은 인내심이 없다면 목표도 세우지 말라고 했다. 만배 씨는 목표를 이루기 위해 44년을 견뎌내었다. 이루고 싶은 것이 있다면 고통을 감내할 수 있어야 한다.

2 자신이 정한 원칙을 하늘같이 여겨라

만배 씨에게는 두 가지 원칙이 있다.

첫째, 영업 시간을 칼같이 지킨다. 둘째, 흥정을 하지 않는다.

자칫 손님 입장에서는 너무 이기적인 원칙일 수도 있다. 그러나 만배 씨는 오히려 손님에게 최고의 서비스를 하기 위해서 이런 원칙을 정했다. 자영업의 경우 스스로 원칙을 정하기보다 손님들의 사정에 맞춰갈 때가 많은데 이러면 손님에게 늘 최상의 서비스를 할 수 없다. 서비스 질이 떨어지면 손님들에게 외면받는 것은 당연한 일이다. 한 가지 원칙을 지키면 다른 원칙도 지킬 수 있다. 이런 작은 원칙들이 성공을 이루게 한다.

3 칼 공부는 칼같이

만배 씨는 여전히 공부 중이다. 만배 씨는 자신의 기술이 어느 정도 경지에 올랐다고 절대 안주하지 않는다. 수억 원을 들여 일본 칼 장인들의 칼을 수집하고, 새로운 기술이 적용된 칼을 모으는 이유도 연구를 하기 위해서다. 장인이라고 해서 가진 기술이 계속 유지되는 것은 아니다. 기술은 언제고 무뎌질 수 있다. 만배 씨는 늘 이런 위기감을 가지고 공부한다. 최고에 오르는 것보다 최고의 자리를 지키는 것이 더 어려운 법이다.

4 휴식 시간은 필수

만배 씨는 시간이 날 때마다 색소폰을 연주한다. 그의 십팔번은 이정옥의 '숨어 우는 바람소리'. 우리 뇌도 한 부분만 계속해서 사용하면 과열되기 마련이다. 이럴 때 자주 쓰는 부분과 다른 부분을 사용함으로써 지친 뇌를 쉬게 해야 한다. 그래야 더 오래 더 깊이 있게 사용할 수 있다.

가발 하나로 영등포 제일 부자가 되다

영등포 가발 전문가 장만우

이 손님을 놓치면 내가, 내 가족이 죽는다.
그렇게 생각했어요.
나는 더한 일이 있었다고 해도 했을 겁니다.
정말로 더 지독한 일도 할 수 있었습니다.

누구에게나 비밀은 있다

몇 년 전 남자는 전단지와 명함을 챙겨 들고 거리로 나섰다. 거리는 행인들로 붐볐다. 다들 어디로 가는지? 어디에서 오는지? 남자는 자신만 멈춰 있는 것 같았다. 그는 절박했다. 그래서 용감했다. 걸음을 재촉하는 사람들에게 전단지를 내밀었다. 하지만 돌아오는 것은 냉대뿐. 그런 시선에도 남자는 속수무책 당하면서 한마디 항변도 없이 묵묵히 행인들에게 자신의 명함과 전단지를 내밀었다.

"재수 없게."

"진짜 재수 없게, 퉤."

전단지를 받은 사람들의 반응은 한결같았다. 똥이라도 밟은 듯 불쾌한 표정은 양호한 축이었고 욕설과 천대, 심지어 따귀를 때리는 사람도 여럿 있었다. 남자는 왜 이런 천대를 받으면서도 거리에 서서 전단지와 명함을 돌릴까.

그에게 그 명함은 목숨과 같았다. 무슨 사연이 있는 걸까. 많은 시간이 흐른 뒤 남자는 그때를 떠올리며 추억이라고 말했다. 그리고는 한마디 덧붙인다.

"저는 일생일대의 위기를 기회로 만들었습니다."

누구에게나 비밀 하나쯤은 있는 법이다. 비밀을 가진 사람은 두 가지 서로 다른 마음을 품고 산다. 절대로 들키고 싶지 않지만 또 누군가는 알아줬으면 하는 바로 그런 역설적인 마음. 여기 다른 사람의 비밀을 품고 감싸주면서 연 매출 20억 원을 올리는 이가 있다. 그를 찾은 곳은 낡은 건물이 밀집해 있는 서울 영등포역 일대, 그 근처에서 그의 이름을 모르는 사람은 없었다.

"이 근처에서 돈 제일 많이 벌었을걸?"

남자의 이름은 장만우. 그에게 붙는 수식어 중 하나가 바로 갑부다. 몇 십억? 몇 백억? 추측하는 사람들마다 규모는 다르지만 그 액수는 대단했다. 자연스럽게 그의 이미지가 그려졌다. 영등포 일대 높은 빌딩 중 하나 정도는 차지하고 고급 외제차 정도는 굴리고 있을 것 같았다. 그 추측을 무너뜨린 것은 한 사람의 말 때문이었다.

"장만우 씨요? 저 골목을 끼고 가면 작은 이발소 있는데 거기에 있어요."

시골 장터 어느 골목길에서나 봄직한 작은 이발소에서 수십억, 수백억이라니. 궁금한 마음에 이발소 문을 열고 들어섰다.

실내는 여느 이발소와 다르지 않았지만 큰 액수의 현금이 오갔고, 돈을 치른 사람들의 얼굴에는 저마다 웃음꽃이 피었다. 만우 씨는 보통 이발소의 손님을 대하듯 손님을 이발의자로 안내하고 이발 준비에 여념이 없었다. 그때, 그가 손님의 머리카락을 쑥 뽑아 올렸다. 가발이었다. 손님의 시원한 머리가 그대로 드러났다.
　　"무에서 유를 창조하는 사람이에요. 갑부지 갑부."
　　이발의자에 앉아 있던 손님이 너스레를 떨며 웃었다.
　　"내가 무슨 갑부예요. 허름한 가게에서 이발이나 하는데, 나는 갑부 아니에요."
　　만우 씨는 고개를 저으며 말했다. 허름한 이발소 풍경과 거기에서 이발하는 소박한 그의 모습은 정말 갑부와는 거리가 있었다.

시간을 되돌리는 마법의 주문

탈모 인구가 1000만. 그러나 아직 우리 사회는 그들이 받는 상처를 보듬지 못한다. 그저 놀림거리 정도로만 보는 게 사실이다. 보통 사람들이야 그냥 농담으로 '빛나리' '빤짝이' 하겠지만 당하는 사람 입장에서는 여간 고통스러운 게 아니다. 무슨 죄를 지은 것도 아닌데, 늘 쥐구멍을 찾는 심정이 된다. 그것이 반복되면 점점 더 위축되기 마련. 그래서 만우 씨의 이발소는 누구나 쉽게 들를 수 있는 곳은 아니다. 처음 찾는 사람이라면 누구나 큰맘을 먹어야 한다. 탈모를 인정하고 자신의 비밀을 드러내야만 하는 곳이니까.

이발소 안은 평범했다. 가발세척실이 있다는 것 외에 특별할 것이 없다. 만우 씨의 안내에 따라 손님이 이발실에 자리 잡고 앉으면 쓰고 온 가발은 직원의 손에 맡겨진다. 만우 씨가 손님의 머리카락을 다듬는 동안 맡겨진 가발은 세척 과정을 통해 새것처럼 관리된다. 여기까지는 크게 특이할 것 없는 과정. 그러나 마법이 펼쳐지는데 필요한 시간은 단 5초면 충분했다. 세척을 거쳐 만우 씨의 손길이 닿은 가발이 손님의 머리에 씌워지는 순간, 시간을 되돌리는 기적이 일어난다.

"젊어졌어?"

가발을 받아 쓴 손님이 활짝 웃었다. 그 곁을 지키고 있던 손님의 아내가 손뼉을 치며 웃었다.

"젊어졌지, 훨씬."

"내가 몇 살로 보여?"

언뜻 봐도 예순을 갓 넘긴 중년 남자가 가발을 고쳐 쓰고 으쓱하며 웃었다.

"내가 여든이 다 돼가."

눈으로 보지 않았다면 도저히 수긍할 수 없을 것이다. 하지만 마법도 가발이 사라지는 순간 함께 사라졌다. 여든을 바라본다는 손님은 가발을 썼다 벗었다 하며 거울을 봤다.

"이렇게 하면 오빠, 이렇게 벗으면 할아버지."

사라진 청춘이 야속할 만도 하지만, 가발 하나에 젊음을 찾은 남편 덕에 아내는 싱글벙글 웃으며 남편의 장난에 맞장구를 쳤다. 정수리에 내려앉은 세월을 덮어 감추니 할아버지가 오빠가 되는 것은 시간문제였다.

"딴사람이 돼서 나가시네."

만우 씨가 흐뭇한 얼굴로 손님의 뒷모습을 바라보며 말했다. 인상의 70%를 좌우한다는 머리, 그 때문에 고생하는 사람을 위해서라도 가발은 머리카락 한 올도 허투루 만들어서는 안 된다고.

갑부가 일하는 법

"본뜬 걸 정확하게 테두리를 마무리해줘야 들뜨지 않아요."

만우 씨는 어느새 또 다른 손님을 맞는다. 가발의 좌우 각도를 맞춰주고 중심을 정확하게 잡으니 가발을 쓴 손님은 시간을 거슬러 풋풋했던 새신랑의 모습으로 돌아가는 듯 보였다.

"요전에 딸이 결혼했어. 그때 장 박사가 머리를 해줬는데 인기가 대단했지. 아무도 몰랐어. 손님이 500명 넘었는데 왜 이렇게 젊어졌느냐 그 말뿐이었어."

가발을 고쳐 쓰는 손님의 목소리가 들떴다. 야속한 세월을 꽉 잡아주니 손님들의 지갑이 쉽게 열렸다. 오고가는 돈의 액수가 만만치 않아도 거부감을 드러내는 손님은 만무하고 저마다 만족한 얼굴이었다. 나이 든 몸은 청춘을 가둘 수 없지만 마음은 언제나 청춘으로 가득 채울 수 있는 황혼의 인생, 만우 씨는 손님들에게 돈보다 소중한 선물을 주고 있었다.

수제 가발의 기본이 되는 머리 본은 보수나 추가 제작을 대비해 모두 모아두어야 한다. 모아둔 머리 본의 개수를 세어보면 한 달 평균 70개 정도 수제 가발을 제작하는 셈이다. 기본 가격을 100만 원으로 잡으면 대략 한 달에 7000만 원, 연 매출액은 무려 8억 4000만 원 정도다. 만우 씨는 어떤 판매 노하우가 있기에 한두 푼도 아닌 가발을 그렇게 많이 주문받는 것일까? 여기에 만우 씨는 자기만의 비법이 있다고 했다.

"이렇게 저처럼 하시면 돼요. 자 보세요."

자신의 가발을 벗어 보여주는 것이다. 돌아서던 손님도 뒤돌아보게 하는 만우 씨 마법의 주문에 손님은 어안이 벙벙해졌다. 그의 마법 주문은 백발백중이었다. 손님은 자석에 이끌리듯 만우 씨를 따라 상담실로 향했다.

"머리 홀딱 깎고 본드로 붙이고 그래요. 그럼 가렵고 아프고 그렇지. 근데 내가 하는 건 그런 거 필요 없어. 사장님은 이렇게 됐어. 오른쪽으로 갔다 왼쪽으로 가면 붙어요."

만우 씨는 샘플 가발을 손님에게 씌워주며 착용감을 직접 느끼게 하는 것도 잊지 않았다. 얼굴 생김새가 천차만별이듯 머리 모양도, 머리카락도 빠진 형태도 사람마다 제각각이다. 그래서 한 치의 오차도 없는 수제 가발을 만들려면 머리 본을 뜨는 작업이 그 무엇보다 중요하다고 만우 씨는 강조했다. 그리고 그 못지않게 중요한 단계가 손님의 실제 머리카락을 샘플로 채취하는 것.

"아니 머리도 얼마 없는데 뽑으면 어떻게 해?"

"나도 아까운지 알아요. 나도 머리 없는데 알지. 하나만 빠져도 얼마나 신경이 쓰이는데."

이심전심. 머리 빠지는 애환이야 만우 씨도 누구 못지않게 잘 안

만우 씨는 손님에게 가발을 맞춰주기 전
늘 자신의 가발을 벗어서 설명한다.

다. 비슷한 처지를 겪는 사람들끼리 고민을 나누다 보면 어느새 계약은 성사돼 있었다.

"저는 이야기 많이 안 합니다. 가발 쑥 벗으면 어느새 이렇게 상담이 되는 겁니다. 이렇게 설명해서 가격이 또 나오고 그러는 거죠."

진짜 소통이 힘겨워진 이 시대에 같은 고민을 마음껏 나눌 수 있다는 것, 그것은 만우 씨의 성공 전략 중 하나다. 일본 기업 산요를 글로벌 기업으로 키워낸 이우에 도시오는 마케팅의 대원칙을 '고객에게 사랑받으려면 어떻게 해야 하는가?'를 항상 의식하며 행동하는 것이라고 말했다. 그의 말대로라면 고객을 손님이 아닌 동지로서 바라보는 것, 이것이 만우 씨를 갑부로 만든 노하우였다.

처음부터 잘되는 것은 없다

가난한 농부의 아들로 태어난 만우 씨는 중학교 진학은 언감생심이었다. 일치감치 배운 미용 기술로 성공해야겠다고 생각하던 참이었다. 하지만 스물두 살이 되던 해, 출근 준비에 한창이던 그의 눈에 몰라보게 휑해진 정수리가 보였다. 그의 아버지가 민머리라 예상은 했지만 그래도 팔팔한 청년에게 탈모라니, 하늘이 벌을 내리는 것 같았다. 머리카락은 하루가 다르게 우수수 빠지기 시작했고 단 2년 만에 그의 정수리는 60대 할아버지라고 해도 믿을 만큼 휑해졌다. 울며 겨자 먹기로 가발을 사서 쓰고 다녔지만 행여나 티가 날까 매일이 살얼음판이었다. 조금만 방심해도 벗겨져서 망신을 당하는 일이 부지기수. 남의 속도 모르고 사람들은 그를 그저 웃음거리로 여겼다. 전전긍긍. 그는 점점 움츠러들었고 사람들의 눈을 피할 궁리만 했다. 모임에 나가면 이름을 두고 사람들은 대머리, 반짝이라고 부르며 재미있다고 웃었다. 그는 점점 사람들을 멀리하고 혼자가 되었다. 외롭고 절망적인 나날이었다. 그러다 결국 일이 터지고 말았다.

"아 살살해, 너 뭐야 이 자식아. 어디서 굴러먹던 개뼈다귀 같은 놈이. 머리가 저 꼴이니. 아휴 짜증나."

잠깐의 실수로 미용실에 찾아온 손님에게 입에 담기조차 어려운 욕을 들었다. 안 그래도 의기소침해 있던 시기에 그 사건은 그를 벼랑 끝으로 떠밀었다. 마음속에 감추고 있던 빨간 버튼을 눌러버린 것이다. 만우 씨는 자신이 꼭 미운 오리새끼 같았다. 그런 욕을 처음 들어봤고, 손님이 그렇게까지 화를 내는 것도 처음이었다. 그 사건은 미용을 배워 돈을 벌어야겠다는 계획에 찬물을 끼얹었다.

거울 앞에 서면 민머리의 자신이 보였다. 젊은 나이에 그래도 미용사인데, 거울 속 자신의 모습은 너무나 초라했다. 머리에 대한 주변의 시선과 놀림은 점점 더 견디기 힘들어졌고 마음 깊숙이 상처로 남았다. 그는 점점 자기 안으로 숨었다. 미용사로 성공해보겠다던 평생의 꿈도 송두리째 날아가버렸다.

그랬던 그에게 기회는 거짓말처럼 찾아왔다. 마음속 상처를 덮기 위해, 사람의 시선에서 도망치기 위해 썼던 가발이 그 열쇠였다.

"지나가는데 어느 분이 엎드려서 운동화에 찍찍이를 붙이더라고요. 그때 아, 저거면 되겠다 싶어 미친 듯이 연구했어요. 그게 여기까지 온 거예요."

목마른 사람이 우물을 판다고, 그에게 가발은 우물이었고 동아줄이었다. 놓치고 싶지 않아서 잠도 안 자고 매달렸다. 그러나 아직 그에게 닥친 시련이 끝난 것은 아니었다.

만우 씨의 가발에는 일명 '찍찍이'가 붙어 있다. 덕분에 사람의 머리에 쉽게 고정할 수 있고, 착용하기 쉽다.

성공은 이겨내는 사람의 몫이다

신혼, 만우 씨는 무일푼으로 시작했지만 행복했다. 35년 전 소개로 만나 결혼한 아내는 가발을 쓴 것을 숨기고 결혼한 그를 싫은 내색 없이 이해해준 착한 사람이었다. 가난한 살림에 이발소 일을 도와야 했을 때도 아내는 군말 없이 따랐다. 바지런을 떨었더니 조금씩 돈도 쌓였다. 그리고 드디어 꿈에 그리던 집도 마련했다. 하지만 그게 비극의 시작이었다.

전 재산은 물론 빚까지 져가며 무리해서 마련한 집인데 사기를 당한 것이다. 만우 씨와 아이들에게 남은 것이라곤 팔지도 못하는 쓸모없는 집터와 하루하루 불어나는 이자밖에 없었다.

"기가 막혔습니다. 내가 2000원, 3000원을 모아 만든 몇 천만 원을 한 방에 날리니까 죽고 싶었습니다. 애들이 있어서 죽을 수도 없었어요."

만우 씨는 그때를 떠올리면 아직도 가슴 한구석이 저릿하다고 했다. 사기를 당한 다음부터는 삶이 지옥 같았다. 빚은 쌓여만 갔고, 갚을 길은 없었다. 다시 2000원, 3000원을 모아서는 답이 없었다. 결국 분신 같은 자식들을 친척집에 맡길 수밖에 없었다. 좀 더 많은 돈을 벌기 위해 부부는 서울로 가는 길밖에 없었다. 맨주먹, 빈손으로 시작해야 하는 서울 생활을 아직 어린 자식들에게 겪게 할 수는 없었다. 할머니 품에 안긴 아이들은 떠나는 부모를 바라보며 하염없이 울었다.

"정말 미안했습니다. 돈을 벌어서 학교도 보내고, 비록 나는 못 배웠지만 가난과 못 배운 한을 물려줄 수는 없었습니다. 그때 심정이야 말로 표현할 수도 없습니다."

가족을 위해 내린 결정이지만 가장 많은 상처를 받은 이들 역시 가족이었다. 아이를 떼놓고 올라탄 서울행 차에서 만우 씨는 그간 참아왔던 눈물을 내내 쏟아냈다.

만우 씨는 상경해서 작은 가발 가게를 열었다. 아는 사람 하나 없는 서울에서 살아남기 위해 그는 매일 새벽, 몇 천 장의 전단지와 명함을 돌렸다. 아내는 아내대로 햇볕 한 번 못 보고 작은 가게에 갇혀 가발과 씨름하며 하루를 보냈다. 고돼도 고되다 불평 한마디 없었다. 만우 씨는 돈을 벌어야 했다. 머리숱 없는 사람만 보면 절박한 마음에 앞뒤 잴 겨를도 없이 매달렸다.

"가발 하나 하세요."

돌아온 것은 폭력적 언사였다. 욕부터 시작해서 침을 뱉거나 따귀를 올려붙이는 사람도 허다했다. 만우 씨는 단지 가족과 함께 살고 싶었다. 그뿐이었다. 자식들을 위해서 가발을 하나라도 더 팔아야 했다. 하지만 다른 사람에게는 그게 아니었다. 만우 씨는 모멸감도 분하고 억울한 마음도 잠시뿐, 가족을 위해서라면 무엇이든 할 각오가 돼 있었다.

"우리 식구들도 그것까지는 몰라요. 지금도 몰라요, 그때 설움을. 눈물이 흐르면 또 닦고 나가서 돌리고 그랬어요. 왜냐면 이 손님을 놓치면 내가, 내 가족이 죽는다, 그렇게 생각했어요. 나는 더한 일이 있었다고 해도 했을 겁니다. 정말로 더 지독한 일도 할 수 있었습니다."

삶이 그럴수록 그는 더 가발에 매달렸다. 수많은 가발을 쓰고 벗어가며 연구에 몰두했다. 일상 속에서 떠오르는 아이디어를 실제 가발 쓰는 사람들의 고충에 접목해 계속해서 가발을 진화시켰다. 축구를 해도 거뜬한 가발부터 모자를 써도 되는 가발, 형상기억 소재로 언제든 원래의 모양으로 돌아오는 가발, 100% 인모(人毛)를 사용한 가발까지 그가 만든 가발의 종류는 셀 수 없었다. 만우 씨가 거리로 나가 전단지를 돌릴수록, 새로운 가발이 나올수록 그가 움직인 만큼 조금씩 입소문이 나기 시작했다. 무엇보다 자연스러운 가발을 만들기 위해 노력한 것이 사람들의 호응을 얻었다. 무턱대고 이상적인 머리 모양의 가발을 만들어주기보다 가발을 사용하는 사람들의 취향과 생활까지 고려하고, 가발이 착용자의 머리와 따로 놀지 않도록 밀리미터 단위의 오차까지 잡으려고 했다. 가발을 써보지 않은 사람은 전혀 알 수 없는 '디테일'이다. 십수 년간 그는 그렇게 가발에 매달렸고 애물단지였던 가발은 이제 보물이 됐다.

생각을 바꾸면 세상도 바뀐다

만우 씨의 아침은 해도 뜨기 전에 시작된다. 오전 4시면 일어나 전단지를 돌리던 시절에 비하면 많이 게을러졌다지만 여전히 그는 새벽을 밝힌다.

만우 씨는 몇 년 전부터 아들의 권유로 스포츠센터에 다니고 있다. 고된 일과를 보낸 탓에 지칠 만도 한데 만우 씨는 아침 운동을 거른 날이 단 하루도 없다. 건강 때문만은 아니다. 스포츠센터에 낸 돈 때문도 아니다. 스포츠센터에 들른 만우 씨는 운동도 뒷전으로 미루고 가게 이름을 알리는 데 여념이 없다.

"명함 하나 받으세요. 지금 뒷머리가 없으신데, 저도 하고 있어요."

만우 씨는 잠재적 고객 앞에서 가발을 벗는 것도 부끄러워하지 않는다. 사실 처음부터 사람들에게 서슴없이 내밀 수 있었던 것은 아니다.

"솔직히 처음에는 어려웠죠. 그래도 계속하다 보니까 지금은 어느 분을 만나더라도 기분 좋게 명함을 건넬 수 있게 됐어요."

만우 씨는 이제 머리숱 없는 사람만 눈에 띄어도 머리보다 몸이 먼저 알아서 쫓아갈 지경이다. 홍보는 어느새 그의 본능이 됐다. 길을 걸어가며 명함을 돌리는 것도 잊지 않는다. 흔하디흔한 것이 거리의 전단지이지만 만우 씨의 전단지는 누구 하나 외면하는 사람이 없다. 게다가 머리를 맞대고 내용까지 살펴보는 수준이었다.

만우 씨의 휴대전화는 하루에도 수십 번 울린다. 만우 씨의 통화는 매번 전화를 건 이의 이름을 부르는 것으로 시작해 오랜 친구와 통화하듯 친근했다. 사실 그가 받는 전화의 대부분은 손님들이 건 전화였다.

손님들이 주문한 새 가발이 도착하는 날이면 그는 분주해진다. 모든 과정이 하나하나 손으로 이뤄지다보니, 가발 하나가 나오기까지 족히 한 달은 걸린다. 새로운 스타일에 도전하려면 머리를 길러야 하듯, 가발도 처음엔 장발 상태다. 언뜻 쉬워 보여도 한번 실수하면 사람 머리카락처럼 다시 자라지 않기 때문에 더 신경 써야 하는 게 바로 가발을 커트하는 일이다. 가발 커트는 최대한 자연스럽고 사람의 머리와 가발이 구분이 안 가도록 절묘하게 섞일 수 있게 사선으로 잘라 붓끝처럼 만드는 것이 가장 중요한 포인트다. 실제로 일자로 잘린 일반 커트 머리와 비교하면 확실한 차이를 바로 알 수 있다.

생각을 전환하면 세상이 달라 보이고, 세상이 달라 보이면 그동안 보지 못했던 사소한 것들을 발견할 수 있다. 바로 그것이 틈새시장에서 성공하는 지름길이다. 만우 씨도 그 사소한 것들을 발견하고 발상의 전환을 통해 가발 가게에 많은 손님을 유치할 수 있었다. 헤어스타일이 계속 변하듯 가발의 스타일도 변화를 줄 수 있다면 어떨까? 또 하기 힘든 가발 관리를 대신 해준다면? 그게 만우 씨의 발상의 전환이었다. 팔고 마는 게 아니라 관리를 해주며 자연스럽게 손님을 단골로 만드는 비법이 숨어 있는 것이다. 그래서 만우 씨의 가게는 가발을 맞추러 오는 사람보다 다른 용무로 오는 사람이 더 많다. 멋지게 보여야 하는 특별한 날, 꼭 필요한 가발 세척 서비스는 1회에 1만 원. 여기에 볼륨을 살려주는 드라이와 보름을 써도 무너지지 않는 스타일링은 공짜다.

이발비 1만 원. 가발의 색과 맞추기 위한 흰머리 염색 역시 1회에 1만 원. 알고 보니 가발은 새로 맞추는 것만큼이나 관리에 들어가는 비용도 못지않게 쏠쏠했다.

"가발 한 번 맞추면 2~3년 쓰거든요. 그 기간에 제가 손 놓고 있을 수는 없잖아요. 가발을 맞춰주고 관리까지 해주면 저는 돈 벌어서 좋고, 손님들은 제대로 관리받을 수 있으니 좋잖아요. 그렇게 일을 하다 보니 이제는 커트만 하는 사람도 많이 찾아와요."

그렇다면 과연 가발 갑부 만우 씨의 재산은 얼마나 될까?

이발을 포함한 모발 관리로 벌어들인 매출에 가발 관련 매출을 합치니, 하루 매출액 약 540만 원. 이렇게 1년이 쌓이면 연 매출액이 무려 약 19억 7000만 원이다. 영등포와 화곡동에 각각 집이 한 채, 그리고 갑부만 아는 통장의 잔고까지 합하면 엄청난 자산을 가

◆ **가발 가게 총 매출 예상액**

이발 28만 원, 염색 6만 원, 가발 세척 및 스타일링 31만 원
그 외 신규 제작, 재구매, 수선, 출장비 약 475만 원
하루 매출 약 540만 원
연 매출 약 19억 7000만 원!

지고 있을 것으로 예상된다.

"재산을 모으려면 은행을 가까이해야 합니다. 저는 모으는 대로 차곡차곡 저축합니다. 예금을 포함해서 모아둔 재산이 몇 십억대라고 생각하면 돼요."

직업을 숭배한다는 것

"여기 가발 하는 곳이죠?"

손녀인 듯한 아가씨의 손을 잡은 여성 손님 한 분이 만우 씨의 가게를 찾았다. 만우 씨의 가게에도 요즘 심심치 않게 여성 손님이 찾아온다. 만우 씨는 손님을 소파로 모시고 친절하게 응대했다.

"숱이 적으신가요?"

"네. 불편해요."

"그래서 모자를 쓰시는구나. 내가 있으니까 이제 모자는 필요 없어요."

40대 이상의 여성 중 20~30퍼센트가 탈모로 고민하고 있다. 여성 탈모는 정수리부터 숱이 줄어드는 것이 특징이다. 유전이 원인인 남성과는 달리 여성은 후천적 이유가 크다. 원인이 다르듯, 가발의 모양도 다른데, 여성 가발의 본은 둥근 이마선과 관자놀이 부분이 남성 것과 다르다. 만우 씨는 이런 세세한 점까지 신경 써서 가발을 만든다.

가발을 쓴 여성 손님의 얼굴에 화색이 돌고, 머리카락이 풍성하게 찰랑이던 청춘 시절로 돌아간 듯 표정부터 젊음을 되찾았다. 영원히 잃어버린 줄만 알았던 청춘이 되돌아왔으니, 얼마인들 아까울까?

그는 단순히 돈을 받고 물건을 파는 것에서 그치지 않고 손님이 자신감을 되찾을 수 있도록 돕는다. 돈을 그만큼 벌었으면 이제 조금은 태도가 바뀔 수도 있으련만 그는 한결같다.

"내가 가발을 파는 것만으로 이만큼 이룬 것은 아닌 것 같아요. 잘 모르지만 머리가 빠진 것도 그 고생을 한 것도 다 다른 사람에게 뭔가를 해주라는 그런 계시가 아닐까요."

의미를 부여한다는 것, 자신이 무슨 일을 해야 할지 깨닫고 그대로 행하는 것, 그것이 바로 그가 몇 십 년간 가발을 만들면서 얻은 또 다른 성공 비법이 아닐까.

형제는 반짝인다

"다녀올게."

만우 씨는 가방을 챙겨 들고 길을 나섰다. 대전으로 가는 길이다. 대전에는 만우 씨의 친형님이 살고 있다. 형님도 가발 가게를 운영하고 있다. 만우 씨는 한 달에 한 번은 꼭 형님을 만난다. 같은 고민을 함께 나누고 같은 가발 가게를 운영하는 형제는 누가 아니랄까 봐 간판까지 꼭 닮았다. 가게에는 만우 씨의 가게와 다르지 않게 전시된 가발로 가득했다. 만우 씨가 매달 형님을 빼놓지 않고 찾는 것은 바로 그 가발 때문이었다. 처음 함께 시작한 30년 전부터 지금까지, 더 편한 가발을 만들기 위해 형제는 매달 만나 가발에 대해 의논한다. 만우 씨가 평생 남의 머리를 만지게 된 것도 따지고 보면 이발소를 운영한 형님의 영향이 컸다.

"이게 손님들한테는 보배라니까, 왜 그러냐면 손님하고 나하고 동반자야."

형님이 가발을 쓰다듬으며 웃었다.

"나는 더 빠졌으면 좋겠는데. 손님이 가발 벗으면 뒤로 넘어질 정도로 확 빠졌으면 좋겠어."

만우 씨가 쓰고 있는 가발을 만지며 말했다. 형제가 활짝 웃었다. 형제가 함께 걸어온 길이 벌써 수십 년. 이제 머리 모양까지 닮아가고 있었다. 조금 특별한 형제의 머리는 예나 지금이나 절대 남의 손에 맡기지 않는다.

"손님들이 그러잖아 이렇게 좋은 걸 진작 할걸, 잘못했다고 해. 왜 늙은 모습으로 살았는지 모르겠다고."

형님의 말에 만우 씨가 조용히 고개를 끄덕였다. 함께 같은 일을 할 수 있어서, 같은 고민을 나눌 수 있어서, 그리고 이제는 서로에게 힘을 줄 수 있어서 만우 씨는 형님이 참 고맙다.

형님네에 들렀다가 돌아오는 저녁, 만우 씨의 집을 방문했다. 아직 결혼하지 않은 둘째 아들과 함께 살고 있는 만우 씨의 집은 생각보다 소박했다. 지독하게 앞만 보고 달려온 세월. 아끼는 게 미덕이라 믿고 살아온 그에게 집이란 불편하지만 않다면 좋을 필요까진 없는 공간이다. 그는 좋은 가발을 만드는 것 외에는 큰 욕심을 부리지 않는다. 퇴근이 늦는 아들은 일주일에 얼굴 한 번 보기도 힘들어서 그의 저녁은 언제나 석석하나. 시난 시간을 가밀만 만들며 딜려오다 보니 어느새 나이 든 자신과 조우하게 되는 저녁, 얼마 전까지만 해도 만우 씨는 이 시간이 꽤나 견디기 힘들었다. 아내의 빈자리가 더욱 크게 느껴졌기 때문이다. 사실 만우 씨의 아내는 건강 때문에 지금 요양차 서울을 떠나 있다.

무엇과도 바꿀 수 없는 것

"이제 괜찮아?"
"많이 괜찮아졌어요."

반가운 사람이 가게로 찾아왔다. 바로 만우 씨의 아내였다. 그의 아내 한희 씨는 3년 전, 뇌경색으로 쓰러져 치료해도 별 차도가 없었고, 그 뒤 8번을 더 쓰러졌다. 묵묵히 자신의 곁을 지켜주던 아내였는데, 그 빈자리 때문에 만우 씨의 가슴에는 커다란 구멍이 하나 생겼다. 다행히 이제 건강을 많이 회복해 주말마다 서울에 올라올 정도가 되었다.

그녀의 서울행엔 매번 커다란 여행 가방이 함께한다. 남편과 아들을 위한 반찬이 가득한 가방이다. 자신의 몸이 불편한 것도 잊고 아내는 만우 씨를 위해 수고를 마다하지 않는다. 아내를 반기는 만우 씨의 얼굴이 조금 어두웠다. 여느 부부처럼 평범한 대화가 오고 가지만 만우 씨의 얼굴이 불편해 보였다. 아내가 자신을 만나 어려운 시절을 보내지 않았다면 이런 병에 걸렸을까, 만우 씨는 괜한 자책감이 들었다. 누구보다 그 마음을 잘 아는 아내 한희 씨가 먼저 슬그머니 일어나 자리를 피했다. 그녀는 가게를 아련한 시선으로 더듬었다. 그녀의 손때 묻은 가게는 처음 서울로 올라와 몇 년을 먹고 자며 일했던 공간이다. 끝이 없을 것 같은 깜깜한 터널이었는데,

긴 터널을 지나고 보니 모든 것이 생각하기 나름이었다. 이젠 조금 행복하다고 말할 수 있을 것 같았다. 그런데 그녀의 몸이 아프기 시작했다.

"지금은 남편의 대머리가 얼마나 감사한지 몰라요. 다 어려운데 우리는 이렇게 잘살고 있잖아요."

아내의 농담에도 만우 씨는 좀처럼 웃을 수가 없다. 맑았다가도 금세 흐려지는 아내의 건강 때문에 아내의 밝은 미소에도 마냥 좋아할 수만은 없기에 만우 씨의 가슴은 그저 답답하기만 했다.

"내가 가슴 아픈 것은 열심히 살았는데, 왜 이렇게 됐느냐는 겁니다. 그래서 억울했어요. 지금 있는 돈을 다 줘도 아내만 건강해질 수 있다면 난 다 줄 수 있어요."

인생이 바뀐 게 아니라, 내가 바꾼 겁니다

만우 씨는 특별한 일정을 위해 머리를 단장했다. 가발의 장인답게 머리 감는 것도 특별한 노하우가 있을 줄 알았는데, 그냥 물을 끼얹는 것이 전부였다.

"이제는 관리도 안 해요. 지금은 더 빠졌으면 좋겠어요. 확 다 빠졌으면 좋겠어요."

만우 씨는 말은 그렇게 해도 드라이까지 빼놓지 않고 꼼꼼히 하고 가장 아끼는 가발을 착용했다. 외출 준비를 마친 만우 씨는 사진관으로 향했다. 그의 특별한 일정은 사진을 찍는 것이었다. 사진사와 만우 씨는 어느덧 막역한 사이가 됐다. 사진관 생활 수년에 생판 모르는 사람이 찾아와서 대머리를 강조해달라는 말을 하는 사람은 처음이었다. 만우 씨는 가발을 벗고 카메라 앞에 앉았다. 만우 씨는 30년째, 가발을 벗은 사진과 쓴 사진을 찍고 있다. 30년 전 처음 가발을 벗고 카메라 앞에 앉을 때만 해도 그는 비장했다.

"될 수 있는 대로 제 얼굴이 못나게 찍어주세요."

자신을 희생해서 보여주는 것, 그것이 같은 고민을 안고 살아가는 사람들에게 진심을 다가서는 만우 씨만의 노하우였다.

"가발을 쓰고 찍을 때 행복한 생각을 해요. 벗었을 때는 예전에 맞았을 때 생각을 하고요."

생각을 바꾸니 감췄던 단점이 돈을 부르는 장점이 됐다. 숨기면 숨길수록 자신이 초라해 보이고, 숨길수록 어렵기만 했던 지난 시절의 고민을 사람들에게 솔직하게 털어놓고 손님을 대하는 만우 씨는 그래서 손님 앞에서 자신의 가발을 쉽게 벗을 수 있었다. '보세요. 이건 큰 고민이 아닙니다'라며 만우 씨는 웃어 보인다.

"인생이 바뀐 게 아니고, 내가 바꾼 겁니다."

한창 젊은 시절에 그의 앞을 가로막은 탈모라는 거대한 벽. 하지만 있는 힘을 다해 벽을 쓰러뜨리자 벽은 만우 씨에게 험난한 세상을 건널 수 있는 다리가 돼주었다. 단점을 장점으로 바꾼 만우 씨의 인생은 오늘도 그의 머리처럼 반짝반짝 빛난다.

갑부의 비밀 사전 •

가발 전문가 장만우 사장의
고객 관리법

1 눈에 보이지 않는 것을 판다

지나간 세월을 다시 돌릴 수는 없다. 하지만 지나간 세월을 되돌린 것처럼 할 수 있다면? 심지어 그걸 팔 수 있다면? 그것은 무에서 유를 창조하는 것과 같다. 장만우 사장은 실제로 지나간 청춘을 붙잡아 팔지는 못하지만 손님들에게 지난 청춘을 되돌린 것과 같은 기쁨을 팔고 있다. 손님이 소중하게 생각하는 감성적 부분을 만족시키는 장만우 사장의 영업 비밀은 바로 자신감과 추억이다.

2 비밀을 나누면 돈이 된다

장만우 사장의 가게에 오는 사람들은 각자 말 못할 고민을 가지고 있다. 그런 손님들을 대하는 장만우 사장의 마케팅 전략은 간단하다. 바로 '나는 당신을 이해합니다'라는 메시지를 전달하는 것. 손님은 경계심을 풀뿐더러 장만우 사장에게 동질감을 느끼게 된다. 그동안 감췄던 마음을 진실하게 열게 되는 순간 손님의 지갑도 열린다. 알고 보면 너무나 간단한 장만우 사장의 전략에 손님은 '내게 이 물건이 필요한가?' 하는 의문을 가지다가 '그래, 이 물건은 내게 꼭 필요해'라고 확신하게 된다.

3 지금 거리를 걷는 사람이 당신의 가족을 먹여 살릴 수 있다면

장만우 사장의 성공 비법 중 가장 큰 비중을 차지하는 것은 바로 홍보다. 잠재 고객은 많다. 성공한 사람들은 그 잠재 고객을 실제 고객으로 만든다. 부끄러움 같은 것은 마음먹기에 따라 달라진다. 지금 거리를 걷는 사람들이 당신의 가족을 먹여 살릴 수 있다고 해도 그대로 그들을 지나보내겠는가? 장만우 사장은 몸을 던져 잠재 고객을 잡았고, 무려 1만 명이 넘는 실제 고객을 만들었다.

4 전화번호 보기를 돈같이 하라

장만우 사장의 휴대전화에는 1만 개가 넘는 고객 전화번호가 저장돼 있다. 고객의 연락처가 그의 자산이다. 그는 고객이 전화를 하면 늘 이름을 부르며 응대한다. 이처럼 장만우 사장은 고객의 성향을 치밀하게 파악해 철저한 고객 관리를 하고 있다. 그래서 한 번 그를 찾은 손님은 반드시 그를 또 찾는다.

미생들의 꿈, 영업맨에서 70억 자산가가 되다

7

샌드위치 사업가 정주백

회사에서 나왔더니 세상은 지옥이었습니다.
지옥을 벗어나려면 10년은 지옥에서 버틴다고 각오해야 합니다.

사표를 내는 순간 지옥문이 열린다

많은 직장인이 직장을 나와 자기 사업을 꾸리길 바란다. 하지만 결코 쉬운 일이 아니다. 월급이 주는 안락함과 월급 위주로 꾸려진 생활을 벗어나는 것은 얇은 옷을 입고 한겨울을 나는 것만큼이나 불안하고 위험한 일이다. 또 실제로 사업을 시작해 성공한 사람도 있지만 대개 사업을 겨우 유지하거나 실패한다. 그렇다고 직장 생활을 계속하는 것도 쉽지 않다. 이미 평생 직장의 개념이 사라진 지 오래다. 한 직장에서 정년을 맞을 수 있는 환경도 아니고, 정년까지 일한다고 해도 아직 남은 인생이 길다. 사업을 하기도, 직장을 계속 다니기도 어려운 세상. 그러면 대체 어떻게 해야 할까?

돈이 아니라 업(業)을 좇아야 한다. 직업이란 단순히 돈을 버는 개념이 아니어야 한다. 직업은 자신에게 맞는 일, 자신을 행복하게 해주는 일이 돼야 한다. 꿈만 같은 일이지만 그런 목표로 살아가는 사람들이 있다. 인간은 실현하고자 하는 목표가 있고 그것을 위해 노력하면 달성할 가능성이 높아진다. 단, 제아무리 자신에게 맞는 일이라도 많은 시간을 투자해야 성과가 보이는 법이다. 대부분 그 시간을 견디지 못한다. 그래서 쉬운 일은 없다.

남자는 영업왕이란 타이틀을 달고 있었음에도 회사를 떠나고 싶었다. 회사에 다니는 동안 인생이 허무하게 비어가는 것을 느꼈고, 회사원 생활이 자신의 길이 아님을 확신했다. 그는 고민한 후 보란 듯이 사표를 던졌다. 무엇이든 할 수 있을 것이라는 자신감이 있었기 때문이다. 하지만 현실은 달랐다. 그는 퇴사하고 사업을 벌인 지 얼마 되지 않아 하는 일마다 모두 실패했다. 전세금을 잃었고, 거리에 나와 김밥을 팔아 두 아들과 근근이 먹고살 수밖에 없었다. 후회했지만 돌이킬 수 없었다. 하지만 그는 포기하지 않았다. 회사를 그만둔 것은 자신의 적성에 맞는 일을 하고 싶었기 때문이다. 그는 미칠 만한 것이 있으면 미쳐보자고 결심했고, 결국 그가 미칠 수 있는 일을 찾았다. 15년 만에 그는 자신이 하고 싶은 일을 하면서 70억 원이 넘는 자산을 모았다.

"회사에서 나왔더니 세상이 지옥이었습니다. 지옥을 벗어나려면 10년은 지옥에서 버틴다고 각오해야 합니다."

그는 자신의 새로운 직업 인생을 열어가는 방법에 대해 사업을 준비하는 직장인들에게 이렇게 조언했다.

"제가 어디서 살아남았는지 아세요? 지옥에서 살아남았습니다."

일을 통해 얻으려는 가치는 사람마다 다른데, 그는 자신의 가치를 찾아 자신만의 특별한 직업을 찾았다. 그는 샌드위치 사업가 정주백 씨다.

샌드위치의 제왕

주백 씨는 이른 아침 청과 시장에 도착했다. 그는 창업하고 나서부터 모든 재료를 직접 확인하고 주문했다.

"단단하고 좋네, 싱싱하고."

재료를 보는 그의 눈이 날카로웠다. 처음에는 일주일에 양상추 10박스 정도밖에 사지 않았는데, 지금은 하루에 30박스씩 쓸 규모로 발전했으니 상인으로서 그는 매우 큰 고객이었다. 신선도가 조금이라도 떨어지면 주백 씨는 바로 항의 전화를 한다. 그래서 재료상에서는 안 좋은 물건을 보낼 수 없다고 했다. 매사 이웃집 아저씨처럼 푸근한 주백 씨지만 샌드위치에 관련된 일이라면 누구보다 깐깐하게 굴었다. 채소 상태를 점검하고 차를 몰아 광명으로 향했다. 최근 대형 가구 매장이 들어선 광명역 인근은 심한 교통난으로 연일 매스컴에 오르고 있다. 유동 인구가 많아져 그만큼 상권도 발전하는 곳이다. 주백 씨의 샌드위치 매장은 광명역 근처의 대형 아웃렛 매장에 있다. 쇼핑센터에서는 간단하면서 든든한 먹거리가 고객의 인기를 얻는데, 샌드위치는 그런 고객들의 성향에 딱 맞아떨어지는 상품이다. 그래서 주백 씨의 샌드위치 매장은 연일 문전성시를 이룬다. 가볍게 먹을 수 있다는 특성도 있지만 주백 씨가 만드는 샌드위치가 사람들의 발길을 잡아끄는 이유는 고급스러우면서도 푸짐한 양에 있었다. 매장을 방문하는 고객들은 귀한 요리를 먹는 것같이 매우 만족한 얼굴이었다.

주백 씨는 샌드위치 진열장에 빈자리가 생기자마자 새로운 샌드위치로 채웠다. 하루에 600개 정도 판매되는 주백 씨의 샌드위치는 다른 여타 샌드위치와 재료부터 빵까지 달랐다. 대부분 샌드위치 하면 딱딱한 빵에 차가운 햄이나 채소를 끼워 먹는 정도로만 생각하는데, 주백 씨의 샌드위치는 그 자리에서 볶은 버섯과 따뜻한 소스, 싱싱한 채소를 넣어 푸짐하게 속을 채웠다. 그의 샌드위치에는 새우, 애호박, 크랜베리까지 일반 샌드위치에는 잘 쓰지 않는 재료가 과감하게 들어간다.

한 매장에서 판매되는 샌드위치 종류는 총 20여 가지, 다양한 고객의 입맛을 모두 맞출 수 있는 가짓수였다. 샌드위치 진열대는 샌드위치를 채우고 돌아서면 빈자리가 생겼다. 정성스럽게 만든 샌드위치를 많은 사람이 먹었으면 하는 바람에 그는 진열대가 비지 않게 신경 썼다. 많은 종류와 푸짐하면서도 화려한 샌드위치를 늘 진열대에 다양하게 채우는 것은 그의 마케팅 전략이기도 했다. 샌드위치 매장의 3시간 매출은 168만 원, 그러고도 매진 행렬은 계속됐다. 만들자마자 팔려나가니, 매장 직원들은 한시도 쉴 틈 없이 바빴다. 광명 매장의 바쁜 시간이 지나가자마자 주백 씨는 땀 식힐 여유도 없이 또 다른 매장으로 향했다.

"백화점에 가서 진열 상태도 보고 어떤 제품이 진열돼야 하는지 연구도 해야 하니 가봐야죠."

그의 두 번째 매장은 최근에 개장한 수원의 한 대형 백화점에 있다. 주백 씨는 샌드위치를 진열하고 짐을 나르느라 정신없이 움직였다. 수원 매장은 광명 매장보다는 규모가 작았다. 하지만 수원 매장 역시 샌드위치를 사 가려고 서 있는 고객의 줄이 길었다. 금세 진열대가 텅 비었고, 주백 씨는 바로 손님들이 보기 좋게 각까지 잘 잡아서 진열대를 채웠다. 샌드위치 맛을 보자는 주백 씨의 말에 샌드위치를 만드는 점원의 얼굴에 긴장감이 어렸다.

"먹고 갈게요."

"예, 고객님."

주백 씨는 자신의 매장에서 돈을 내고 샌드위치를 먹었다. 그래서 직원들도 사장인 주백 씨가 샌드위치 값을 치르면 고객님이라고 부르는 것이다. 일단 샌드위치를 구매하면 누구라도 고객으로 대접

해야 한다는 주백 씨의 규칙 때문이다. 주백 씨는 지점마다 맛이 약간씩 다르기 때문에 똑같은 재료를 쓴다고 하더라고 꼭 맛을 본다.

"매운맛이 덜하네."

샌드위치를 한입 베어 문 주백 씨가 직원을 불러 물었다.

"청양고추가 오늘 떨어졌어요. 아직 못 샀습니다."

주백 씨는 직원에게 청양고추를 사서 다시 만들라고 지시했다. 미세한 차이까지 확인하고 또 확인해야 직성이 풀리는 주백 씨다.

"고객의 입장에서 맛을 보고 평을 해야 그 자리에서 개선할 수 있습니다."

맛이란 객관적이면서도 주관적인 개념이다. 미각을 통해 기억되기도 하지만 맛볼 당시의 기분이나 느낌도 함께 맛에 포함된다. 좋은 맛은 좋은 기억으로 함께 고객의 머릿속에 저장된다. 그래서 늘 같은 맛을 유지하지 않으면 맛과 함께 각인됐던 기억이 흐트러져 맛이 없어졌다고 생각하게 된다. 몇 년에 걸쳐 장사를 해온 유서 깊은 집이라도 맛이 조금만 변하면 손님의 발길이 뚝 끊기게 되는 것과 같은 이치다.

샌드위치의 맛을 테스트한 주백 씨는 다시 광명으로 향했다. 수원과 광명을 오간 거리만 무려 58km가 넘었다. 다시 돌아온 광명점, 변함없이 고객이 가득했다. 매장 안에서 주백 씨의 첫째 아들 흥섭 씨가 아이스크림을 판매하고 있다. 현재 휴학 중인 두 아들이 아버지의 일을 돕고 있다. 광명점의 진열대가 텅텅 비었다. 많이 준비해둔 샌드위치가 '완판' 된 것이다. 광명점의 하루 매출은 308만 원. 광명점과 수원점의 하루 매출은 모두 433만 원이었다. 목표치보다 조금 떨어지지만 주백 씨는 흡족했다.

주백 씨는 15년의 세월을 견디고 견뎌 겨우 여기까지 왔다고 말했다. 15년은 그에게 어떤 세월이었을까?

쪽박 찬 영업왕

주백 씨는 대학 졸업 후 대기업 화장품 회사의 영업사원으로 취직했다. 패기가 넘쳤던 그는 순식간에 영업왕에 올랐고, 주백 씨는 '영업왕 정 대리'로 불리며 승승장구했다. 그 시절, 그에게 불가능한 일이란 없어 보였다.

"직장 생활의 어려움과 그 고통을 피하기 위해서 던진 그 사표 한 장에 인생이 고행 길로 가지 않았나 그렇게 생각합니다."

영업왕으로 불리던 1989년 그는 직장 생활에 점점 답답함을 느꼈다. 내 사업을 하면서 떵떵거리며 살자, 생각하며 그는 미련 없이 사표를 던졌다. 나가서 뭘 해도 잘할 수 있다, 그는 사표를 내던 날 옥상에서 소리쳤다. 그 말 한마디에 속이 후련해졌다. 갑으로 살자,

더 이상 을로 살아가지 말자, 그렇게 다짐했다. 그러나 그가 할 수 있는 일은 별로 없었다. 그래서 퇴직금 1000만 원으로 트럭을 사서 과일 행상을 시작했다. 초라했지만 자신의 사업이라고 그는 만족했다. 영업맨 경력을 살려 룸살롱에 과일을 납품했다. 많은 물량이 들어갔으므로 주백 씨는 금방 성공할 수 있을 거라는 꿈에 부풀었다. 하지만 과일 납품 대금이 수금되지 않았다. 수백만 원이 넘는 돈이었는데, 대금 지급 일자는 자꾸 미뤄졌고, 대금을 받기 위해 따지러 간 자리에서 룸살롱을 관리하는 조직폭력배들에게 몰매를 맞았다. 결국 과일 대금을 받지 못했고, 과일을 납품하기 위해 낸 빚을 그대로 떠안았다.

"영업할 때 그 어려운 환경에서 목표를 달성하고 또 우수상 표창도 받고 그랬으니까 뭘 해도 될 거라는 자만심 같은 게 있었죠. 그것 때문에 하는 것마다 실패한 것 같아요."

회사 밖의 세상은 회사를 등에 입고 영업을 하던 것과는 천지 차이였다. 세상은 총과 칼만 없었지 전쟁터와 다름없었고, 주백 씨는 무기 없이 전쟁터에 나온 군인 같았다. 준비 없이 퇴사한 것이 그렇게 발목을 잡을 것이라고는 생각조차 하지 못했다.

메모의 기적, 쓰면 이루어진다

과일 사업에 실패한 주백 씨는 전세를 빼서 마련한 돈 2500만 원을 3년 만에 모두 날렸다. 그때부터 아내와 사이도 안 좋아졌다. 주백 씨는 더는 좋아질 수 없는 상황이라는 생각만 들자, 아내와 합의 이혼을 하고 아이들을 데리고 살게 됐다. 어떻게든 살아보려고 김밥 장사를 했지만 한 줄 팔아 남는 돈은 70원뿐이었다. 빚을 얻어 4평짜리 미니 슈퍼를 열었지만 그것마저 실패하고 말았다. 그러다 보니 아이들을 매일 방치하다시피 했다. 아이들은 먹을 것이 없어서 남의 집 마당에 열린 포도를 먹고 하루를 보냈다. 작은아들은 허기를 이기지 못하고 땅에 떨어진 사탕을 주워 먹기도 했다.

1998년 주백 씨는 그냥 포기할 수는 없어 실패할 확률이 가장 적을 것 같은 빵집을 차렸다. 하지만 방 한 칸 유지할 돈도 마련하기 힘들었다. 밥도 제대로 먹이지 못하면서 샌드위치가 먹고 싶다는 아들에게 화를 냈다. 그렇게 힘든 시간을 보내던 와중에 건물주가 가게를 빼달라는 청천벽력 같은 소식을 전했다. 그는 지하실에 틀어박혀 절망의 나날을 보냈다.

'도대체 어디서부터 잘못된 것일까.'

아무리 생각해도 알 수 없었다. 잘하려고 하면 할수록 자신을 나락으로 미는 현실이 밉기까지 했다. 그러다 나쁜 생각을 하게 됐다.

한강 다리에서 검은 강물을 바라보며 서서 한때 잘나가던 영업왕이 어쩌다 이렇게까지 됐는지, 어쩌다 못난 아빠가, 못난 인간이 됐는지 생각했다. 그러다 보니 죽기가 억울해졌다.

"인생에 가장 낮은 나락으로 떨어졌을 때 그 생각이 났는지 의아했지만 그때 그 생각을 했어요. 한 가지에 한번 올인해보자, 그리고 그 한 가지에 최선을 다하자."

그는 딱 한 가지 일만 생각하기로 했다. 그게 아들이 먹고 싶다는 샌드위치였다. 그리고 16년 후 아들들과 둘러앉았다.

"이건 우리 집 가보예요."

"남자로서 굉장히 멋있는 거 같아요."

아들들이 휴대전화 사진을 보면서 한마디씩 했다. 주백 씨는 옆에서 그저 허허 웃고만 있었다. 자세히 살펴보니 주백 씨의 메모를 사진으로 찍어놓은 것이었다.

* **다음 사항을 5년 안에 반드시 이룬다.**
  - 대통령을 세 번 이상 만난다.
  - 최고급 국산 차를 한 대 마련한다.
  - 자본금을 넘어서는 빚은 모두 갚는다.
  - 서울에서 100km 반경 안에 집을 짓는다. 가능하면 대추나무, 사과나무, 배나무 등을 심을 수 있는 단독주택을 짓는다.

그는 사업이 힘들 때마다 메모를 보면서 목표를 되새겼다고 한다. 주백 씨는 습관이나 생각이 그렇게 가도록 이끌어준다고 믿었다. 그의 버킷 리스트엔 아직도 이루고 싶은 일들이 빼곡하다. 지금 주백 씨는 최고급 차를 타고 있다. 자본금을 넘어서는 빚도 갚았다. 이렇게 되기까지 15년이 걸렸다. 그가 포기하지 않고 목표를 향해 달려가는 힘을 가질 수 있었던 것도 이 메모 덕분이 아닐까.

샌드위치 왕의 20평 빌라

주백 씨는 목동에 샌드위치 공장도 운영하고 있다. 그는 공장에 도착하자마자 위생복으로 갈아입고 통제 구역 안으로 들어갔다. 통제 구역 안에서는 대형 가마솥에 엄청난 양의 양파가 볶아지고 오븐에서는 베이컨이 쏟아져 나왔다. 그 밖에 여러 가지 재료가 준비되고 있었다. 통제 구역은 샌드위치에 들어갈 각종 재료를 손질해 속을 만드는 배합실인데 주백 씨가 회사에서 가장 중요하게 생각하는 곳이 바로 이곳이다. 공장은 조리실과 세척실, 제빵실, 생산 작업실이 완비되어 있다. 큰 규모의 세척실에서는 1차, 2차, 3차까지 재료를 세척하고 손질이 완료된다. 제빵실은 샌드위치 맛을 결정하는 빵을 굽는 곳이다. 오븐 바깥쪽에는 최상의 빵을 굽기 위한 온도, 시간 등의 수치가 빼곡히 적혀 있었다. 주백 씨는 빵에 대해 전문적으로 배운 적은 없지만 독학으로 전문가 못지않게 빵에 대한 지식을 쌓았다. 밤잠 안 자며 몸으로 익힌 결과다. 좋은 샌드위치의 조건은 껍질의 두께다. 빵 표면이 익은 정도가 얇고 단단해야 하는데, 그러려면 빵마다 오븐 윗불과 아랫불의 온도를 체크해야 하고 굽는 시간도 빵의 종류에 따라 시간을 정확히 맞춰야 한다. 빵이 만들어지면 생산 작업실에서 샌드위치가 완성된다. 공장이라고 하지만 샌드위치의 특성상 어느 하나 사람 손을 거치지 않는 작업이 없었다. 그래서 공장에서 일하는 직원 수만 총 45명이다.

"스티커는 이렇게 붙이면 안 돼, 일렬로 맞춰야 해. 하나는 오른쪽 하나는 왼쪽."

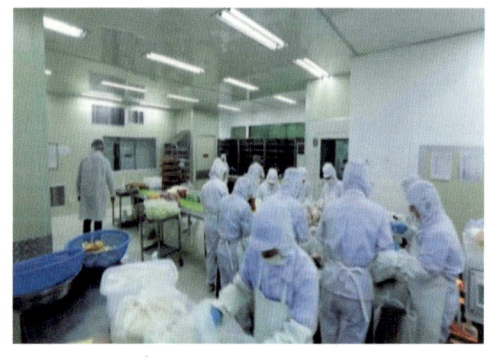

주백 씨의 샌드위치 공장 내부. 빵을 굽는 제빵실, 세척실, 조리실 등이 갖춰져 있다.

주백 씨는 포장 단계의 스티커까지 그냥 넘기는 법이 없다. 그래서 마지막 작업인 포장은 언제나 사장인 그가 함께 한다. 일하는 모습에서 살아온 지난 세월이 느껴졌다. 그는 예전에 이곳에서 박스 골판지를 깔고 어린 아들들과 먹고 자면서 살았다. 공장이 있는 자리는 일반 상가 지하였는데, 여러 사람이 점포를 운영하고 있었지만 상가가 망하는 바람에 다 나가고 주백 씨 혼자 남아 지냈다. 물이 안 나오고 전기가 끊겨도 갈 곳이 없었기 때문이다. 지하 3평 공간에서 시작해 지금의 300평까지 다른 상인들이 다 떠날 때도 그는 버텨냈다.

주백 씨는 샌드위치 세 개의 포장을 벗기고 그 자리에서 맛봤다. 그는 보통 하루에 샌드위치를 적게는 10개에서 많게는 12개까지 먹는다. 한 달이면 360개, 1년이면 4320개의 샌드위치를 먹는 셈이다. 주백 씨는 직업상의 비애라고 하지만 샌드위치를 먹는 그의 얼굴은 그런 것과 거리가 먼 듯했다. 주백 씨의 공장에서 생산하는 샌드위치는 대기업 전자회사를 비롯해 수원, 기흥, 화성, 천안, 온양 등 전국 각지로 배송된다. 공장의 규모가 클 수밖에 없다. 하루 평균 6000개의 샌드위치를 생산한다고 했다. 광명점 매출, 수원점 매출, 공장의 매출까지 포함해 하루 매출은 2233만 원 정도이고, 월 매출은 5억 5825만 원, 연 매출은 67억 원 정도다.

◆ 광명점 + 수원점 + 공장 연 매출

광명점 일 매출 = 약 308만 원, 수원점 일 매출 = 약 125만 원, 공장 일 매출 = 약 1800만 원
일 매출 약 2333만 원
월 매출 2233만 원 X 25일 = 5억 5825만 원
연 매출 약 66억 9900만 원!

  길고 긴 하루를 마친 주백 씨는 공장의 화장실 불까지 꼼꼼하게 점검하고 가장 늦게 퇴근한다. 하루 종일 광명과 수원, 목동을 오가며 벌어들인 하루 매출을 보며 그의 집 또한 대단한 규모일 것이라고 생각했지만 주백 씨는 겨우 20평 남짓한 연립 주택에 살고 있다. 집 안 어디를 봐도 변변한 가재도구 하나 없다. 워낙 검소하게 살아와서 치장하거나 좋은 집에 살거나 하는 것과는 거리가 멀다고 주백 씨는 설명했다. 늦은 저녁, 주백 씨와 두 아들이 식당에 모였다. 오랜만이라고 하면서도 부자는 별 대화도 없이 밥만 먹었다. 겨우 일 얘기 한두 마디가 오갔다. 남자들 특유의 어색함이 쉽게 가시지 않는다.

  "다른 집은 한 달에 외식을 얼마나 하는가? 이렇게 말하잖아요. 그런데 우리 가족은 한 달에 한 끼를 같이 먹나? 이런 이야기를 해요."

큰아들이 웃으며 말했다. 사업이 너무 바빠 아들들과 시간을 잘 보내지 못하는 주백 씨의 얼굴에 미안한 기색이 돌았다. 둘러앉아 밥을 먹는 두 아들이 그에게는 이 세상 전부라고 할 수 있다.

인생에 찾아온 두 번의 기회

주백 씨는 오늘날의 자신을 만들어준 샌드위치를 정성스럽게 포장해 가평으로 향했다. 주백 씨는 늘 타던 화물차가 아니라 그의 보물 1호인 고급 차를 몰았다. 가평에는 그의 스승이 살고 있다.

"오느라 고생이 많았네. 고마워."

주백 씨는 준비해 온 샌드위치를 꺼냈다. 15년 전 우연히 본 잡지 한 권이 그의 인생을 송두리째 바꿔놓았다. 그가 찾은 윤철만 씨는 한때 샌드위치 명인으로 전국 방방곡곡에서 찾을 정도로 유명세를 탔다. 주백 씨가 우연히 본 잡지에는 윤철만 씨의 기사가 실려 있었다. 주백 씨는 전화를 걸어 샌드위치 비법을 전수해달라고 사정했다. 한두 번으로 그치지 않고 열 번쯤 전화해서 끈질기게 달라붙었다. 결국 윤철만 씨는 그의 정성을 높이 사 비법을 전수해주기로 마음먹었다.

주백 씨는 샌드위치를 처음 만든 날을 생생히 기억한다. 스승이 가르쳐주는 대로 샌드위치를 만들었는데, 맛은 전혀 달랐다. 정말 해도해도 그 맛을 흉내 낼 수 없었다. 주백 씨는 스스로 정말 안 되는 인간인가 싶어 좌절했다. 아무리 가르쳐도 안 되자 스승도 주백 씨를 포기하려고 했다. 하지만 그대로 주저앉을 수 없어 죽기 살기로 스승에게 매달렸다. 샌드위치에 목숨을 걸어보자는 각오로 다시 시작했다. 절박해지자 집요해졌다. 재료의 배합부터 빵까지 다시 처음부터 시작했다. 그러자 어느 순간 샌드위치의 맛이 제대로 나기 시작했다. 샌드위치에 미쳐보자고 결심한 순간 기적처럼 만난 스승, 비록 남들보다 시간도 오래 걸리고 어렵게 배웠지만 그래서 남다른 주백 씨만의 샌드위치가 완성될 수 있었다.

그러던 어느 날 전화가 왔다. 2004년 봄, 주백 씨는 대기업에서 운영하는 호텔의 상무와 만났다. 상무는 주백 씨가 만든 샌드위치를 우연히 먹어봤다고 말했다. 만약 계약이 성사되면 어떻게 되는 거지? 주백 씨는 정신이 하나도 없었다. 주백 씨가 방새 만든 샌드위치를 한입 베어 문 상무는 흡족한 표정으로 계약서를 내밀었다. 사인을 하고 돌아오는 길에 주백 씨는 터져 나오는 눈물을 참지 못했다. 사표를 던진 그해가 떠올랐다. 참으로 길고 모진 세월이었다. 그날 이후 유명한 카페에서 연락이 오고 매출액은 자꾸 늘었다.

"참 재밌게, 행복하게 일했어요. 만날 밤새워도 하나도 힘들지 않았어요."

무슨 일이든 제대로 하면 반드시 좋은 결과가 따라온다. 한 번 물꼬가 터지니까 그때부터 우후죽순으로 거래처가 늘었다. 주백 씨는 거기서 만족하지 않았다. 계속해서 새 메뉴를 개발했다. 그렇게 주백 씨가 개발한 샌드위치가 100여 종이고, 전국에 납품하는 샌드위치만 30여 종이다.

10년은 버텨야 길이 보인다

주백 씨는 역세권에서 걸어서 2분 정도 걸리는 한 카페에 들렀다. 바로 주백 씨의 1호 매장이다. 공장을 운영하며 샌드위치 카페를 차리겠다고 버킷 리스트에 썼는데 그 꿈을 2011년에 이루었다. 1호점은 1층 카페 30평에 지하 조리실 70평까지 총 100평 규모를 자랑한다. 리모델링 비용에만 1억 원을 들였다. 개점 당시 투자한 금액 7억 원에 리모델링 비용 1억 원까지 총 8억 원을 들인 카페는 투자한 만큼 손님 반응이 좋고 매출도 좋았다. 진열장에 전시된 샌드위치만 30종, 광명점보다 종류가 10가지 더 많았다.

주백 씨는 가게를 둘러보더니 문 앞에 서서 자신의 명함을 돌렸다. 영업하던 시절, 명함을 돌리며 고객을 늘려가던 그만의 방식이었다. 대표이사가 손님에게 명함을 직접 주는 것, 그 자체가 마케팅이었다. 그는 재투자를 멈추지 않는다. 공정을 원활하게 하기 위해, 또 맛을 향상시키기 위해 거의 매월 가게와 공장에 재투자했다. 그리고 그는 또 다른 꿈을 이룰 준비를 하고 있다. 주백 씨는 수도권 교통의 요충지인 신갈에 제2공장 건설을 위한 부지를 구입했다. 신갈 인터체인지에서 불과 2.7km의 거리에 있는 부지 마련과 설립 비용까지 총 투자 금액만 20억 원 정도다. 제2공장에서 150억 원의 매출을 기대하는 주백 씨는 다시금 도약을 준비 중이다. 1999년 인생의 가장 밑바닥으로 떨어졌던 주백 씨는 그 이후로 지옥에서 빠져나와 상승 일로의 성공 그래프를 그리고 있다. 그는 현금은 많이 가지고 있지 않다. 다음 목표를 이루기 위해 제2공장에 모두 투자했기 때문이다. 그의 순자산은 제2공장과 현재의 공장을 합쳐 적어도 70억 원 정도로 추정된다.

자영업 창업자 800만 시대. 매년 60만 명의 자영업자가 새롭게 등록하지만 또 매년 58만 넝이 폐업할 징도로 진혹한 세상이디. 사업에 성공한 사람들은 자신의 경험을 바탕으로 몇 가지 방법을 이야기하는데 대부분 비슷하다. 주백 씨의 충고 역시 크게 다르지 않다. 그는 사람들에게 세 가지 팁을 이야기했다.

하나, 한 가지에 완벽하게 올인하라. 둘, 구체적인 목표를 세워라. 셋, 안정적인 기반을 마련하고 끊임없이 재투자하라.

별다르지 않다고 그냥 넘길 수도 있다. 그러나 비슷하다고 해서,

누구나 아는 이야기라고 해서 흘려들어서는 안 된다. 배움은 가슴에 담고 행동할 때 비로소 완성되기 마련이다. 마지막으로 그가 한마디 덧붙인다. 창업을 준비하는 사람이라면 깊이 새겨들을 만한 이야기다.

"회사가 전쟁터라면 밖은 지옥이더라고요. 그 말이 딱 맞습니다. 한 업종에서 10년은 미쳐야 지옥에서 빠져나올 수 있는 것 같습니다. 자신 있는 분들은 도전하십시오."

갑부의 비밀 사전 •

샌드위치 갑부의
인생 2막 설계 비법

1 준비된 퇴직자가 돼라!

준비 없이 퇴직하면 사업에 성공하기는커녕 삶이 나락으로 떨어질 수 있다. 영업왕 타이틀까지 달았던 주백 씨도 자신만만하게 퇴직했다가 순식간에 빚더미에 앉았다. 손대는 사업마다 줄줄이 망했고, 가정이 깨지는 난관도 겪었다. 주백 씨는 퇴직하고 사업을 하려는 사람들에게 회사 밖은 지옥이라고 말한다. 현실을 직시하고 자신만의 무기를 만들어야 살아남을 수 있다.

2 미쳐야 산다!

주백 씨는 단순히 먹고살기 위해 몇 가지 사업을 시작했다. 하지만 다 망하고 심지어 빚까지 떠안았다. 하지만 샌드위치 사업은 달랐다. 최악의 순간에 시작하게 된 샌드위치 사업, 그는 미쳐보기로 결심했다. 그날부터 10년간 샌드위치만 생각했다. 지금도 하루에 12개가

량의 샌드위치를 맛보며 살고 있다. 그러자 새로운 길이 열렸다. 주백 씨는 70억 원의 자산을 모았고, 자신이 15년 전에 작성한 버킷 리스트의 80% 이상을 달성했다.

3 수익의 일정 부분은 재투자한다!

국내 굴지의 기업들은 수입의 일정 부분을 신기술 개발에 투자한다. 당장의 영업이익보다 미래를 보는 것이다. 주백 씨도 샌드위치로 번 수익을 대부분 재투자했다. 거의 대부분 제조 공정 개선이나 증설에 들어가는데, 재투자 없이는 발전이 없다는 생각에서다. 바로 앞을 바라보기보다 조금 더 멀리 바라보면 언젠가 투자 금액보다 훨씬 많은 수익을 얻을 수 있을 것이다.

4 현장을 떠나지 말아라!

주백 씨는 거의 매일 자신이 운영하는 광명과 수원, 교대 지점을 방문한다. 또 목동의 공장과 사무실을 방문해 제조 공정을 살핀다. 이처럼 주백 씨는 하루도 현장을 떠나지 않고 직원들의 서비스 상태와 제조된 샌드위치의 맛을 꾸준히 체크한다. 경영인이 현장을 살피면 고객의 요구와 영업장의 개선점을 바로 알 수 있게 된다. 이렇게 함으로써 불필요한 손실을 막고 브랜드의 품질을 유지하는 것이다.

서민갑부
PART 3

노력 앞에 장사 없다

원주 만두 가게 권태중, 김선녀 부부・

마장동 정형사 장미란・

청주 반찬 가게 허미자・

백만장자가 된
선녀와 만두꾼

❽

원주 만두 가게 권태중, 김선녀 부부

돈을 보고 나니까 잡생각이 드는 거예요.
빨리 어떻게 좀 해보려고 정석으로 안 가게 되더라고요.
그렇게 편법을 쓰면 결국에는 손해가 나게 돼 있어요.

백만장자의 공통점

"따라가서 도울게요."
"그게 말이 돼? 당신까지 나서면 작은애는 누가 봐?"

아침부터 부부의 언성이 높아졌다. 따라나서겠다는 사람과 말리는 사람의 첨예한 대립. 며칠째 부부는 같은 일로 싸웠다.

"큰애가 보면 되잖아요. 둘이 일하면 돈도 더 많이 벌고 좋지 뭐. 나도 이 지긋지긋한 생활에서 빨리 벗어나고 싶어요."

"애가 애를 어떻게 봐. 잔말 말고 여기 있어."

아이들을 두고 함께 고물을 주우러 가겠다는 아내를 남편은 확 밀쳐냈다. 홧김에 단칸방을 뛰쳐나왔지만 남편은 이 모든 상황이 자기 탓만 같다. 가장은 가족에게 해주고 싶은 걸 해주지 못할 때 괴롭다. 도대체 언제쯤 이 상황이 끝날까.

20년도 지난 일이지만 그때만 생각하면 지금도 부부는 마음이 아려온다. 그저 함께 잘살고 싶었던 것뿐인데, 서로에게 깊은 생채기를 남긴 것은 아닌지. 그래도 그 모진 세월을 함께 버텨온 탓일까. 부부의 사랑은 그때나 지금이나 변함없이 깊다.

아직도 티끌 모아 태산이라는 말을 믿는 사람이 있을까? 아마 많지 않을 것이다. 그런 시대는 지나갔다고, 돈이 돈을 버는 세상이라고, 없는 사람은 계속 가난할 것이라고 생각하는 사람도 많을 것이다. 결론부터 이야기하자면 아직도 티끌 모아 태산이라는 말은 유효하다. 미국의 자수성가형 부자들을 20년 동안 연구해 그 결과를 담아 화제를 모은 책《이웃집 백만장자》의 저자 토머스 J 스탠리는 이렇게 말했다.

"백만장자가 업으로 삼고 있는 사업의 대부분은 평범한 일이다. 말하자면 용접 기술자, 경매인, 농부, 우표 판매업자, 도로 포장 업자 등의 직업을 가지고 있다."

우리는 미디어를 통해 성공한 사람을 많이 접한다. 그들이 우리의 거울이 되기도 하지만 때때로 너무 보이는 모습에만 집중해 그들이 한 걸음씩 밟아온 과정을 보지 못할 때도 있다. 세계적인 부자들은 대부분은 작고 소박하게 출발했다. 우리가 보아야 할 것은 그들이 포기하지 않고 목표를 이루어낸 과정이다.

여기 그런 사람이 또 있다. 어느 부부의 이야기다. 그들은 태산을 쌓지는 못했지만 3500원짜리 음식을 팔아 건물 두 채를 올렸다. 그를 아는 지인은 말했다.

"지금 사는 건물에 작은아들이 행구동에서 운영하는 카페 건물, 이 두 채만 해도 10억 원은 되지 않겠어요? 5층짜리 건물인데."

모두가 힘겨운 불황의 시대, 제 집 한 채도 갖기 어려운 이 시기에 겨우 3500원짜리 음식을 팔아 어떻게 건물을 지을 수 있다는 것일까? 그런데 그런 사연을 가진 사람들이 원주 어느 시장 골목에 살고 있다.

사연의 주인공은 권태중 씨와 김선녀 씨다. 이름하여 선녀와 만두꾼. 그들이 기적을 이룰 수 있게 해준 것이 만두라서 그런 별명이 붙었다. 부부의 가게는 점심시간 내내 줄이 줄지 않는다. 그야말로 만원. 20~30대부터 60~70대까지 남녀노소 불문하고 사랑을 받는 원주의 명물이다. 틈새를 비집고 겨우 가게로 들어서니 빈자리가 없었다. 두 평 남짓한 주방에서 연신 만두를 퍼 담는 선녀 씨는 바쁜 와중에도 웃음을 잃지 않았다.

선녀 씨와 태중 씨 만두 가게의 메뉴는 달랑 6개. 그중 최고의 국물맛을 자랑하는 만둣국, 칼만둣국(칼국수+만두), 떡만둣국(떡+만두)이 손님들에게 큰 인기다. 선녀 씨와 태중 씨가 운영하는 가게의 만둣국은 만두 크기가 조금 작다. 대신 양이 푸짐해서 만두를 먹고 가게를 나서는 손님들이 한결같이 엄지손가락을 치켜들었다.

그렇다면 도대체 하루에 얼마나 벌까?

안주인 선녀 씨는 묵묵부답. 혹시나 바깥주인 태중 씨가 알려주지 않을까 해서 그를 찾았지만 가게 안에서는 그의 모습조차 볼 수 없다. 한참 만에 그를 찾은 곳은 외부인 출입 금지라는 팻말이 붙어 있는 만두 제조실. 제조실이라고 해봐야 가게에 딸린 작은 창고였다. 태중 씨는 세 평이 조금 넘는 비좁은 이곳에서 하루 종일 만두를 빚는다. 두 평 주방을 지키는 부인, 세 평 제조실을 지키는 남편. 부창부수다.

"돈을 많이 번다고요? 생각해봐요. 한 그릇에 3500원짜리로 얼마를 벌겠어요? 조금 되겠지. 그냥 내 집 가지고 있다는 게 아주 큰 행복이죠. 아무것도 없었는데."

직접 말을 안 해주니 어림잡아볼 수밖에. 하루 종일 주시하며 살펴본 결과, 산출해본 태중 씨 가게의 매출은 만둣국 200그릇, 칼만

세 평 제조실을 지키는 권태중 씨, 두 평 주방을 지키는 김선녀 씨 부부.

둣국 260그릇, 튀김만두 100접시, 포장만두와 기타 메뉴를 모두 합해 약 270만 원 정도. 한 달이면 7000여만 원의 매출을 올린다.

태중 씨는 말하는 도중에도 끊임없이 만두를 빚느라 허리를 펴지 못한다. 그가 빚는 만두는 하루에 3만 개. 기계의 도움을 받는다고는 하지만 그래도 13시간 이상 쉬지 않고 해야 하는 중노동이다. 심지어 겨울철 성수기에는 20시간 이상도 일한다고.

"물도 잘 안 마셔요. 화장실 가고 싶어지잖아."

쉴 틈도 없이 일만 하는 태중 씨는 차곡차곡 쌓이는 만두가 꼭 돈 같아 기분이 좋단다. 그러면서 자신은 천생 만두꾼이라며 해사하게 웃었다. 선녀 씨와 꼭 닮은 미소. 누구는 그가 일하는 곳이 감옥과 다르지 않다고 했지만 태중 씨의 제조실은 그에게는 더없이 행복한 만두 감옥이었다. 그렇게 1년이면 1000만 개에 육박하는 만두를 빚어 끓이며 부부는 한 걸음씩 묵묵히 함께 걸어왔다.

선녀와 만두꾼의 속사정

선녀 씨는 손이 불편하다. 57년 전, 돌배기였을 때 화로에 손을 넣어 화상을 입고는 손가락이 들러붙어 조막손이 됐다. 그 손으로 하루 중 절반이 넘는 시간을 부엌의 뜨거운 불 앞에서 일한다. 그래도 남편 걱정뿐이다.

"그래도 저는 사람 구경이라도 하잖아요."

태중 씨는 다리가 불편하다. 열 살 무렵 뱀에 물려 다리를 절단한 후로 의족이 그의 다리를 대신하고 있었다. 30여 년 전 비슷한 처지의 두 사람이 서로를 보며 사랑의 싹을 틔웠다. 몇 년을 악착같이 번 돈을 모아 부부는 시계 가게를 마련했다. 그 가게 안에서 단꿈이 차곡차곡 부풀었다. 돈을 모으느라 겨울에 내복도 사 입지 않던 아내의 고생도 보상해줄 수 있을 것 같았다. 개업 전날 저녁, 크거나 화려하지는 않지만 부부에게 찾아올 밝은 미래가 전시된 시계처럼 반짝거렸다. 그러나 세상은 그리 호락호락하지 않았다.

개업 날 아침 부푼 마음으로 출근한 태중 씨는 그 자리에 주저앉고 말았다. 어처구니없게도 시계를 모두 도둑맞았기 때문이다. 말 그대로 청천벽력. 부부의 시계 가게는 개업조차 못하고 그대로 문을 닫아야 했다. 절망하는 것밖에는 그가 할 수 있는 것은 아무것도 없었다. 경찰에 신고하고 집으로 돌아와 태중 씨는 방에 틀어박혀 보름 동안 아무것도 할 수 없었다.

당장 살길이 막막했다. 태중 씨는 이래서는 안 되겠다 싶어 거리로 나섰다. 그때부터 리어카를 끌고 다니며 고물장사를 시작했다. 몸이 불편한 그가 밑천 없이 할 수 있는 일은 고물을 줍는 일뿐이었다. 말도 없이 아침에 나가서 저녁에 들어오는 남편의 몸에서 악취가 풍기자 선녀 씨는 그런 남편을 미행했다. 그러기를 몇 시간. 그녀가 본 것은 성치 않은 몸을 이끌고 쓰레기장을 전전하며 고물을 모으는 남편이었다.

대체 어디서부터 잘못된 것일까? 선녀 씨는 그저 하늘이 원망스러웠다. 쓰레기장에서 쓰레기더미를 헤치며 고물을 줍는 남편을 본 선녀 씨는 그 냄새 나는 곳에 주저앉아 가슴을 치며 울었다. 이렇게까지 살아야 하나 싶었다. 남편을 따라나서지 않았다면 남편이 밖에서 무슨 일을 하는지도 몰랐을 거란 사실에 마음이 무너져 내렸다. 선녀 씨는 남편 모르게 한참을 울고 난 후에 남편이 끄는 리어카를 뒤에서 밀었다. 리어카 뒤에서 전해지는 연약한 힘, 태중 씨는 뒤를 돌아보자 눈물 범벅이 된 선녀 씨가 리어카를 밀고 있는 것이 보였다. 이제껏 고생시킨 것도 미안한데, 이런 험할 꼴까지 보이니 가슴이 미어졌다.

그는 애써 모른 척했다. 그냥 집으로 돌아갈 것이라 생각했다. 그렇지만 아내는 집으로 돌아가기는커녕 말없이 리어카를 밀었다. 이유도 묻지 않고 원망도 하지 않은 채 조막손으로 힘을 보태는 아내가 고마워서 태중 씨도 눈물을 흘리고 말았다. 그날 부부는 그렇게 말없이 눈물만 흘리며 함께 고물을 주웠다. 어떤 여자가 남편이 고물을 줍는다고 쫓아와서 같이 쓰레기를 뒤지면서 줍겠는가? 태중 씨는 그게 너무 고마워서 다시는 이런 일 시키지 말아야지, 다시는 그 어떤 일이 있어도 아내에게 힘든 일을 시키지 말아야겠다는 다짐을 했단다.

그 세월 어떻게 말로 다하나

20년 넘게 악착같이 일해서 부부가 모은 재산은 10억 원짜리 건물 2채를 비롯해 자동차와 적금 등 약 20억 원. 남들이 봤을 때 벌 만큼 벌었지만 태중 씨는 아직까지 구멍 난 패딩 점퍼를 본드로 붙여 입는다.

"돈을 보고 나니까 잡생각이 드는 거예요. 빨리 어떻게 해보려고. 빨리 성공을 내 손에 쥐고 싶은 맘에 편법을 쓰잖아요. 정석으로 가면 좀 늦는 것 같고. 근데 그렇게 편법을 쓰면 결국에는 손해 나게 돼 있어요."

한때 그도 돈을 좇았다. 고물을 팔아 모은 돈으로 당시 유행하던 책 방문 판매를 시작했다. 그러던 어느 날 외판원들이 그를 속이고 책값을 챙겨 잠적해버렸다. 책값을 사기당한 사람들이 몰려들어 책값을 돌려달라고 그를 다그쳤다. 가게를 정리해서 빚을 갚을 수밖에 없었다. 또다시 빈털터리가 됐다. 그러고 나니까 세상이 미워지고 사람이 싫어졌다. 진짜 바닥으로 내려앉았다. 돈보다 마음이 가난해지니 아무것도 할 수 없었다. 다시 할 수 있는 일은 고물을 줍는 일밖에 없었다. 그는 아내에게 그 고생을 다시 시키고 싶지 않아서 집을 떠났다. 안 가본 곳이 없을 정도로 전국을 떠돌았다. 그렇게 혼자 떠돌다 보니 숙박비도 아까워 거의 이틀에 한 번은 노숙을 하며 돈을 모았다.

남편이 집을 나가자 생계는 온전히 선녀 씨의 몫이 되었다. 부업으로 근근이 생활을 이어가며 라면으로 끼니를 때우는 날이 더 많았다. 이제 겨우 일곱 살 난 아들은 맛있는 걸 달라 떼를 써도 될 나이였는데 그러질 않았다. 선녀 씨는 아이들에게 미안한 마음밖에는 없었다. 그래서 그녀는 당시 만두 노점을 하던 시어머니를 무작정 찾아갔다. 돈이 된다면 무엇이든 해야 했었다. 불편한 손으로 만두를 빚는 일은 남들보다 두 배의 시간과 노력이 필요했다.

그러던 중 오랜만에 집에 들른 태중 씨는 아들에게 아내가 만두를 배우러 갔다는 소식을 들었다. 가당치도 않은 일이었다. 그 손으로 뭘 하겠다고, 미안함과 동시에 화가 치밀어 올랐다. 아내는 손을 잡아끄는 태중 씨에게 애들이 굶어 죽을 판인데 이거라도 해야겠다고 고집을 부렸다. 불편한 손으로 만두를 빚는 일은 고물을 줍는 것보다 훨씬 더 고생스러울 거란 불 보듯 뻔했다. 태중 씨는 어린아이들이 배를 곯고 있다는 말 때문에 말릴 수도 없었다.

진짜 여자라는 게, 엄마라는 게 저렇게 무섭구나, 그 힘든 일을 악을 쓰며 해내는 아내의 모습은 태중 씨의 정신을 번쩍 들게 했다. 그의 만류에도 아내는 고집을 꺾지 않았다. 일주일이 지났을까 태중 씨는 불편한 손으로 만두를 빚는 아내를 더는 보고만 있을 수는 없었다. 예전에 아내가 그랬던 것처럼 태중 씨는 가만히 아내의 손에서 만두를 빼앗았다. 결국 그날 이후 만두 빚는 일은 태중 씨 몫이 됐다. 아내를 위해 그가 할 수 있는 게 그것밖에 없었다. 이름 그대로 심성이 고운 선녀와 묵묵히 만두를 빚는 만두꾼은 그렇게 만두 장사를 시작했다.

부지런한 부자는 하늘도 막지 못한다

오전 12시 35분. 23년째 태중 씨는 오전 1시에 하루를 시작했다. 부지런한 부자는 하늘도 막지 못한다는 게 그의 인생 철학이다. 불편한 몸으로 여기까지 올 수 있었던 것도 돈을 벌겠다는 목표 하나만을 보고 내쳐 달려왔기 때문이다. 출퇴근을 도맡는 그의 오토바이 엔진은 겨울에도 차갑게 식을 여유가 없다. 지난 세월을 돌이켜보면 그의 인생 엔진도 식은 적이 없다. 언제나 그렇듯 재래시장의 새벽을 여는 사람은 태중 씨다. 그의 일과는 마치 시계추 같다. 언제나 똑같은 시간에 똑같은 일을 해야 직성이 풀리는 그의 성격 때문이다. 곧 예순을 바라보는 나이, 조금씩 늦추고 힘든 일은 아들과 나눠도 될 법하지만 아직까지 그의 일시계는 그것을 용납하는 법이 없다.

쉴 틈도 없이 원주에서 가장 싱싱한 70포기의 배추가 태중 씨네 가게로 배달됐다. 배추 중에서도 최상품을 쓴다. 만두 가게에 배달을 시작한 날부터 배추 아저씨도 일찍 일어나는 새가 됐다. 태중 씨의 부지런함이 전염된 것이다. 오전 5시, 두부까지 배달되면 태중 씨의 손길이 바빠진다. 그는 잠시도 쉬지 않고 하루치 만두소를 준비했다. 하루에 팔 만두소를 그날 준비하는 것이 그의 철칙이다. 만두 가게를 시작한 이래, 단 한 번도 그는 원칙을 어기지 않았다. 재료 하나, 비율 하나 모든 것이 어머니에게 배운 그대로 만드는 게 태중 씨의 고집이다.

"옛날부터 그렇게 했어요. 어머니가 그렇게 가르쳐주셨어요. 그때 배운 그대로 하는 거예요. 우리 집에 오는 손님들이 그 옛날에 먹던 맛 때문에 계속 온다는 거예요. 그러니까 옛날에 엄마 손잡고 아장아장 왔던 애들도 맛 때문에 오는 거고, 어르신들도 옛날에 먹었던 그 맛 때문에 오시는 거고 그래요."

영하의 날씨에도 태중 씨는 만두 제조실에 난로를 피우지 않는다. 행여 난로에 건조해진 공기가 만두피의 맛을 떨어뜨릴 수 있기 때문이다. 그는 대신 휴대용 버너로 데운 물에 언 손을 녹였다. 원칙을 고수하는 그의 고집이 그가 빚는 만두를 진품으로 만들었다.

"옛날 그 맛이 생각나서 찾는 손님에게 그냥 대충 대접할 수 있나요?"

선녀 씨도 비슷한 이야기를 한다. 남편이 변함없는 만두 맛을 위해 고집을 꺾지 않는다면 그녀는 변함없는 국물 맛을 내기 위해 애쓴다. 최상급 재료와 정성을 쏟아붓는 건 기본이고 간을 일정하게 맞추기 위해 염도계로 재차 확인한다. 사실 선녀 씨는 국물 색깔만 보고도 염도계 수치를 정확하게 맞힌다. 그럼에도 이렇게 확인까지 마쳐야 직성이 풀린다. 옛 맛을 위한 고집. 선녀 씨는 개업한 이래 한 번도 주방을 비워본 적이 없다고 했다. 남의 손을 빌릴 수도 있었지만 행여 맛이 변할까 시도조차 하지 않았다고.

3년 전부터 튀김만두를 시작하면서 손 가는 일이 더 많아졌지만 좀 더 바지런을 떨면 되기에 조리보조도 두지 않는다. 23년 원칙을

태중 씨가 빚은 만두와
선녀 씨의 솜씨로 끓여낸 만둣국.

지켜온 안주인의 조리법. 이런 엄격함 때문에 예나 지금이나 이 집 만의 맛이 유지되는 것이다.

맛 다음으로 이 집의 인기 비결은 가격. 가게를 연 첫해 태중 씨네 만둣국 가격은 2500원이었다. 23년간 겨우 1000원을 올렸다. 흐르는 세월만큼 상승한 재료비며 인건비를 고려하면 가격 상승이 불가피했지만 재래시장 손님들의 주머니 사정이 뻔히 보여 태중 씨와 선녀 씨는 물가 변동에 맞춰 가격을 올리지 않았다. 대신 어쩔 수 없이 손만두를 포기했다. 만두 기계가 인건비를 절약해주고 생산량이 늘면서 3500원에 가격을 맞출 수 있게 된 것이다. 선녀 씨는 손만두를 포기하기가 영 내키지 않았지만 손님들의 주머니 사정까지 헤아리는 남편 뜻을 따르기로 했다.

창업 5년 후 생존율이 20%가 채 안 된다는 요식업계에서 23년을 버텨온 이 만두 가게의 생존 비결은 언제나 그대로인 옛 맛과 손님의 주머니 사정까지 생각하는 주인 부부의 마음이었다.

가족의 백 년을 생각하는 마음

"저는 작은아들한테 월세를 받아요. 계산은 철두철미하게 해야죠."
만두 감옥에 갇히는 일만큼 태중 씨가 행복한 일은 바로 네 발 스쿠

터에 몸을 싣고 월세를 받으러 가는 것이다. 지난 2014년 태중 씨는 시장에서 30분 거리에 있는 2층 건물의 주인이 됐다. 처음 이곳엔 1652m², 약 500평의 대지에 작은 2층 건물이 있었다. 고심 끝에 건물을 2배로 넓혔다. 그 증축 건물 1층에 제일 먼저 세를 들인 것이 지난해 10월이다. 작은아들의 찻집이다. 이번이 벌써 네 번째 받는 월세다.

"월세 줘야지."

태중 씨는 아들을 보자마자 대뜸 월세를 요구했다. 작은아들은 기다렸다는 듯 챙겨뒀던 돈을 꺼내 들었다.

"안 그래도 다 챙겨놨어요."

작은아들 내외는 기특하게도 아직까지 월세 납부일을 어긴 적이 없다. 태중 씨의 철칙은 부모 자식 간에도 금전 거래만큼은 철저해야 한다는 것이다. 그런 그의 지갑 안에는 달랑 1만 원짜리 한 장에 1000원짜리 몇 장이 전부였다. 일주일에 5만 원 정도의 용돈도 그는 다 쓰는 법이 없다.

"뭐 맛있는 거라도 사 먹어라."

"네 감사합니다."

태중 씨는 작은아들에게 받은 월세 중에 5만 원권 한 장을 빼 통크게 며느리에게 용돈으로 줬다. 아들들에게는 한없이 엄한 아버지이지만 며느리에게는 자상한 시아버지다.

여전히 손님맞이에 바쁜 만두 가게, 바쁠 땐 손님 수만큼 쌓이는 설거지도 큰일이다. 손님의 밥값을 계산하고 있던 큰아들 형도 씨가 어느새 고무장갑을 끼고 개수대 앞에 섰다.

"3년 동안 설거지만 했는데, 이 정도는 해야죠."

설거지하는 모습이 예사롭지 않다는 질문에 큰아들은 바삐 손을 놀리며 말했다. 8년 전 가업을 잇겠다는 선언을 하고 난 후부터 설거지 3년, 서빙 2년, 사장 아들 프리미엄 같은 것은 애초에 없었다. 자식들에게 엄한 아버지 태중 씨는 허드렛일부터 찬찬히 배운다는 조건을 걸고 큰아들의 결심을 받아들였다. 그리고 마침내 1년 전, 큰아들은 드디어 만두를 빚어볼 수 있었다. 감격의 순간. 가게에서 일을 시작한 지 7년 만의 일이었다. 아직은 아버지가 없을 때만 자리를 채우는 대타지만 그것만으로도 그는 꿈만 같다.

형도 씨는 단순히 아버지의 장사를 승계하는 의미로서가 아닌 아버지가 오랫동안 빚어온 맛을 그대로 유지하고 싶단다. 그런 마음을 알아서일까. 아버지는 큰아들에게 기술을 하나하나 전수할 때마다 호되게 꾸지람을 했단다. 끓였을 때 매끄럽게 넘어가도록 만두피 반죽의 농도를 맞추는 것, 돈이 더 들더라도 더 좋은 재료를 사용하는 것. 뭐 하나 허투루 넘긴 것이 없었다. 그러던 어느 날 태중 씨는 큰아들에게 거울을 선물했다. 최선을 다하고 있는지, 나태해지지는 않았는지 비추고 또 비추어서 스스로 갈고닦으라는 뜻이란다. 혹독하고 투박하지만 진심이 담긴 배려, 어쩌면 그것이 가족의 백 년을 생각하는 태중 씨의 마음이 아니었을까.

지리적으로 가까운 나라 일본에서는 작은 규모의 가게여도 가업을 잇는 경우가 많다. 240년간 이어 내려오는 오야코동 가게, 6대에 걸쳐 이쑤시개를 만드는 이쑤시개 장인, 1615년부터 면수건을 제조해 판매하는 상점 등 다양한 사례를 쉽게 찾아볼 수 있다.

단순 비교를 할 수는 없겠지만 그동안 우리나라는 일본에 비해 가업을 잇는 경우가 많지 않았다. 할아버지가 좋아하던 음식을 손자도 좋아할 수 있도록 한다는 것은 비단 같은 맛을 여러 세대가 공유한다는 의미만 있는 것이 아니다. 그 자체로 이야기가 되고 이야기는 세대를 아울러 가계를 묶는 끈이 된다. 그 일을 태중 씨 부자가 하고 있다.

부부의 황금빛 로맨스

"사장님 안녕하세요. 예금 받으러 왔습니다."
만두 가게에는 매일 반가운 손님이 찾아온다. 근처 은행 직원이다. 선녀 씨는 다시 찾아 쓰는 일이 있어도 전날 번 돈은 무조건 저금해야 직성이 풀린다. 그래서 VIP 고객이라는 훈장을 달았다. 그녀의 통장에는 매일매일 하루도 빠지지 않고 저축한 흔적이 빼곡했다. 이런 까닭에 지난 2008년에는 국가로부터 저축상을 받았다. 생활비를 제외하고 모두 저축하는 생활 습관 덕분이었다. 옛날에는 돈을 많이 벌려고만 했는데 지금은 만두 한 그릇을 팔아서 100원이 남더라도 1000원을 모으면 그게 소중하다고, 선녀 씨는 말한다. 허황된 것을 좇지 않고 열심히 저축해 모은 돈, 태중 씨와 선녀 씨가 키우는 돼지 저금통도 그들이 저축하는 또 하나의 방식이다. 1000만 원을 한 번에 벌기보다 100원을 아껴 1000만 원을 만들어라. 그게 그들의 방식이다.

"택시 타자."

"에이 오토바이로 가. 뭐하러 돈 들게 택시를 타."

"얼어 죽어."

2주의 한 번인 시장의 정기 휴무 덕에 부부도 어쩔 수 없이 일을 손에서 놓는다. 오랜만에 나들이를 앞두고 부부는 기분 좋은 다툼을 벌였다. 결국 오토바이를 타고 가기로 결정했다. 출발에 앞서 헬멧을 챙기고 아내의 자리를 닦는 것이 태중 씨가 사랑을 표현하는 방식이다. 그렇게 30분을 달려 도착한 곳은 다름 아닌 부부의 2층 건물. 부부의 또 다른 꿈이 얼마 전부터 건물 2층에 영글어가는 중이다. 따뜻한 봄기운이 돌면 부부는 그 공간에 또 하나의 만두 가게를 차릴 계획이다. 빈 공간에 냉장고와 집기들을 채울 생각에 부부는 행복해졌다. 꿈이 실현될 날이 성큼 앞으로 다가왔다. 그 상상만으로 부부는 행복해진다. 함께 키워갈 새로운 희망 앞에서 그들은 설레는 마음을 감추지 못했다.

밑천이라고는 사랑이 전부였다는 부부가 부지런히 달려온 34년의 세월. 비록 남루하고 누추한 시간도 있었지만 그들은 함께여서 견뎠고, 함께여서 행복했다.

이제 더 큰 꿈 앞에 선 두 사람, 선녀와 만두꾼. 그들의 황금빛 로맨스가 또다시 시작되고 있다.

갑부의 비밀 사전 •

대박 만두 가게 권태중, 김선녀 사장의 오래가는 가게 비법

1 주인 입맛을 믿지 마라

김선녀 사장이 만드는 23년 전통의 만둣국 육수는 그사이 맛이 변한 적이 한 번도 없다. 단순히 맛을 유지하자는 생각만으로 맛을 지킨 것이 아니라 손님을 위해 노력한 결과다. 엄마 손잡고 가게를 드나들던 오랜 단골손님들은 변함없는 맛에 향수를 느껴 자주 찾게 된다. 부부는 이런 맛을 지키기 위해 염도계를 사용한다.

안주인 선녀 씨는 수만 번은 맛을 봐서 색깔만 봐도 정확히 간을 맞추지만 자신의 입맛을 믿지 않는다. 이런 노력이 20년 이상 된 단골을 만드는 법이다.

2 메뉴는 5~6가지로 특화하라

대박집과 쪽박집은 메뉴의 전문성 유무로도 차이가 난다. 메뉴는 식당의 정체성이다. 그런데 이 메뉴 저 메뉴 하는 식당이라면 손님은 믿음을 주기 어렵다. 고객들은 이것저것 많은 음식이 올라와 있는 너절한 메뉴판보다 식당의 정체성을 확실하게 보여주는 메뉴판을 훨씬 더 신뢰한다. 대박 만두 가게의 메뉴는 6개뿐이다. 그마저 모두 만두에 관련된 메뉴다. 만두를 전문으로 한다는 믿음을 손님에게 줄뿐더러 다른 메뉴를 위해 구입하는 쓸데없는 재료비를 절감할 수 있다.

3 무턱대고 가격을 올리면 손님이 떨어진다

가격을 올리기 전에 원가를 줄일 수 있는 방법을 생각해보라.

가격을 올리는 데는 원재료비 상승, 인건비 상승 등의 많은 이유가 있다. 하지만 그것은 가게의 입장일 뿐이다. 손님은 음식이 비싼가 그렇지 않은가 하는 것만 따진다. 그만큼 손님에게 가격은 음식을 선택하는 지표가 되는 민감한 수치다. 가격을 올리기 전에 효율을 올려 쓸데없는 지출을 줄여야 한다.

박리다매의 원칙은 인심도 얻고 매상도 올리는 긍정적인 효과를 가져다준다. 권태중 사장은 단가 상승을 정면 돌파하는 방법으로 만두 빚는 기계를 도입했다. 인건비도 줄이고 만두 생산량이 많아지니 10년 전 가격을 유지하고도 충분히 매출을 유지할 수 있었다.

4 큰돈에 대한 욕심을 버려라

태중 씨는 1000만 원을 벌기보다 100원을 아껴 1000만 원을 만드는 것을 중요시한다. 음식 장사는 판매 단가가 낮은 사업이다. 이런 사업에서 큰돈을 욕심내면 꼼수를 부리게 된다. 이는 바로 음식 맛이나 서비스에 직결되기 때문에 단골을 만들기 어렵다. 단골이 떨어진 가게가 오래갈 리 만무하다.

마장동 축산물시장의 전설, 칼잡이 마누라

마장동 정형사 장미란

한눈만 안 팔아도 돈은 붙는다.

마장동 3대 여장부

한 여자가 있다. 겨우 고등학교를 졸업한 여자는 대학 진학을 포기하고 조건을 잘 맞춰주겠다는 일자리를 얻었다. 대학은 꿈같은 이야기였다. 가난에서 벗어나는 것만 간절히 바랐다. 그녀의 첫 일자리는 마장동의 한 사무실 경리였다. 큰돈을 들여 정장을 맞춰 입고 찾아간 직장은 생각한 것과는 영 달랐다. 기대하던 사무실은커녕 사방에는 도축된 축산물들이 배가 갈라진 채 걸려 있었다. 고성이 오가는 남자들의 세계. 살아남아야 했다.

한 해 두 해 일하는 동안 여자는 점점 변해갔다. 고사리 같은 손은 꿰맨 흉터로 뒤덮였고, 목소리는 점점 투박해졌다. 그렇게 20년, 그녀는 지금 마장동 3대 여장부로 불린다. 그녀의 이름은 세계에서 가장 무거운 무게를 들어 올려 금메달을 딴 역사(力士) 장미란과 같다. 역사 장미란이 인간의 한계를 넘는 무게를 들었다면 마장동의 장미란은 자신 앞을 가로막는 힘겨운 역경을 들었다. 역사 장미란은 올림픽 기록에 자신의 이름을 올렸고, 마장동 장미란은 마장동에서 가장 성공한 사람 반열에 자신의 이름을 올렸다.

'고기' 하면 대한민국 많은 사람이 마장동을 떠올린다. 가본 적은 없어도 누구나 한 번쯤 이름은 들어본 곳, 마장동은 세계 어느 곳에서도 유례가 없는 단일 품목 최대 상권을 자랑하는 곳이다. 점포만 무려 2000여 곳, 종사하는 사람만 1만 2000명에 달한다. 그렇다 보니 수도권에서 소비되는 축산물의 60~70%가 마장동을 거쳐 간다. 말 그대로 고기의, 고기에 의한, 고기를 위한 시장. 마장동에서 깨끗하게 손질된 고기는 서울 경기 각지의 거래처로 보내진다. 마장동에는 도매는 물론 소매점도 성업 중이다. 질 좋은 고기를 시중 정육점보다 30%는 싸게 살 수 있으니, 발품을 파는 주부들이 많다. 마장동에는 연간 200만 명의 사람이 드나든다. 미란 씨의 일터는 이곳 마장동이다. 그녀의 별명은 마장동 3대 여장부. 수소문 끝에 한 육가공 작업장에서 그녀를 찾았다.

여장부의 억 소리 나는 매출

"이 제비추리 모양을 이렇게 만들면 어떻게 해. 이러면 못 팔아."

칼을 든 초보 정육사에게 미란 씨가 날카롭게 말했다. 칼이 지날 때마다 그녀의 눈도 매섭게 따라 움직였다. 소가 소고기가 되는 과정은 1차로 소의 뼈와 살을 분리하는 발골 과정을 거치고, 2차로 살과 지방을 나누는 정형 작업으로 이루어진다. 미란 씨는 그중 정형 작업을 담당하고 있다. 미란 씨가 고깃덩어리 앞에서 칼을 잡았다. 그녀의 칼이 고깃덩어리를 비집고 들어가 유연하게 움직였고, 그녀의 손끝에서 커다란 고깃덩어리가 비로소 등심이니 안심이나 하는 값비싼 소고기 부위 이름을 얻게 되었다.

새벽부터 시작된 고된 정형 작업이 끝났다. 그녀는 작업모를 벗었다. 작업모 속에 숨겨둔 여성미가 물씬 풍겼다. 그런 모습도 잠깐, 다시 그녀는 적재된 소고기를 보자 여장부로 돌아갔다. 미란 씨는 하나에 18kg이 넘는 고깃덩이를 직접 옮겼다. 그녀의 작은 체구도

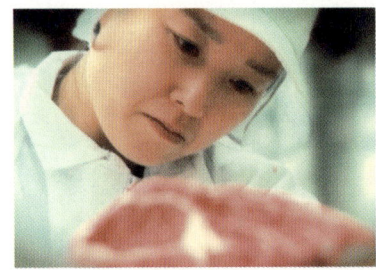

마장동 3대 여장부 미란 씨.
미란 씨의 정형 솜씨는 빠르고 정확하기로 정평이 나 있다.

문제가 되지 않았다. 그녀는 묵묵히 새벽 내 작업한 고기를 배송할 준비를 했다.

"일은 왜 한꺼번에 몰리는 거야?"

미란 씨가 장난스럽게 말했다. 그녀의 숨도 거칠어졌지만, 미란 씨는 지친 기색을 보이지 않았다. 쌀쌀한 날씨임에도 그녀는 땀을 뻘뻘 흘렸다. 배달 시간을 맞추기 위해 허리 펼 시간도 없었다. 오전 10시부터 오후 2시까지 미란 씨의 가게 앞은 들고나는 트럭들로 북새통을 이룬다. 트럭마다 고기가 꽉꽉 채워졌다. 트럭 한 대당 시가로 3000만 원 정도의 고기가 실렸다.

"폭풍이 한차례 지나갔어, 그치?"

미란 씨는 땀을 닦으며 동료 직원에게 말했다. 지친 기색의 동료 직원이 겨우 숨을 골랐다. 일은 끝나지 않았다. 미란 씨는 부위별로 한 덩이씩 사가는 소매 손님들을 맞이할 준비를 서둘렀다.

"사장님 돈 벌어서 뭐해?"

"금덩이 사서 전시해놓고 구경하죠?"

소매로 고기를 사러 온 손님들과 미란 씨가 농을 주고받았다. 그러는 동안 미란 씨의 가방에 현금이 수북하게 쌓였다. 소매 판매를 마치고 나서야 미란 씨는 사무실에 들어와 앉았다. 출근한 지 몇 시간 만에 겨우 자리에 엉덩이를 붙이는 것이다. 좀 쉬나 싶었는데 그것도 잠시, 팩스에서 문서가 수신됐다. 무려 1억 4000만 원어치 매입 계산서다.

　이렇게 미란 씨가 하루 작업을 위해 들이는 소 값은 1억 원이 넘었다. 소 한 마리당 700만~800만 원으로 계산했을 때 보통 하루에 15마리 정도의 분량이다. 창고에 보관된 소까지 포함하면 무려 3억 5000만 원어치의 소고기를 보유하고 있는 것이다. 소 거래는 현금으로만 결제되기 때문에 미란 씨는 한 번에 1억이 넘는 돈을 송금했다. 미란 씨가 한 달 거래하는 규모는 30억 원이 조금 넘었다. 월 매출액은 12억 원, 연 매출액은 140억 원 정도로 예상됐다. 과연 마장동 3대 여장부라 할 만한 규모. 그러나 마장동 3대 여장부도 처음부터 잘나갔던 것은 아니다.

◆ 소고기 도매 매출 예상액

하루 : (정육, 특수부위 손질 후 판매 금액) 평균 약 5000만 원
월 : 5000만 원 X 24일 = 12억 원
연간 : 12억 원 X 12개월 = 약 140억 원
소 값 및 기타 부대비용을 제외한 순 수입금(추정) : 약 5억 원

마장동에 뿌리내리다

그녀는 불우한 어린 시절을 보냈다. 미란 씨의 기억 속 어머니는 늘 대야를 이고 있는 모습이었다.

"아저씨 야채 좀 사가세요. 싱싱하고 아주 좋아요. 하나만 사주세요."

늘 애절한 어머니의 목소리가 그녀의 기억을 채우고 있었다. 집에 돈 한 푼 가져다준 적 없는 아버지를 대신해 어머니는 돈이 되는 것은 뭐든지 대야에 이고 나가 시장을 헤맸다.

"미란아, 이리 오렴."

어머니가 시장에 나올 때면 어린 미란 씨의 다리에는 끈이 묶여 있었다. 절대로 미란 씨를 잃어버리지 않겠다는 어머니의 마음이 담긴 듯한 끈이었다. 미란 씨는 시장에서 끈에 의지해 겨우 엄마 곁에 있을 수 있었다. 어머니는 매일 새벽같이 시장에 나와 투쟁에 가까운 삶을 살았지만 살림은 늘 빠듯했고, 쌀 걱정에 연탄 걱정, 어머니의 한숨은 날로 깊어만 갔다.

'돈을 벌어야만 살 수 있다.'

어린 시절부터 그녀의 머릿속에는 어떻게든 돈을 많이 벌겠다는 생각이 자리하게 되었다.

그녀는 마장동에 첫 출근하던 날을 지금도 잊을 수가 없다.

'내가 이곳에서 견딜 수 있을까?' 사방에 널린 고기와 바닥에 고인 핏물을 보며 걱정이 앞섰다. 그녀는 취업 전까지 마장동이 어떤 곳인지조차 몰랐다. 서슬 퍼런 칼과 내장이 드러난 채 걸려 있는 고기, 아무리 마음을 다잡으려 해도 그녀에게는 너무나도 낯선 풍경이었다. 무엇보다 참기 힘든 것은 역한 냄새. 소와 돼지에서 쏟아져 나온 부산물들과 구정물이 뒤섞여 만드는 냄새가 늘 그녀를 따라다니는 것 같았다.

마장동은 남자들의 세계였다. 이제 겨우 스물이 된 여자에게는 정말 고역이었다. 상인들은 여자인 미란 씨와 상대조차 하려 들지 않았고, 물건이 마음에 들지 않으면 욕을 하거나 무시하기 일쑤였다. 그녀는 그곳의 남자들과 말을 섞는 것조차 버거웠다.

"힘드시죠? 이것 좀 드세요."

"이게 뭐예요?"

"마침 주머니에 있었어요."

스무 살의 미란 씨에게 음료수를 내민 것은 그보다 몇 살 많은 발골사 청년이었다. 치열한 전쟁터 같은 마장동, 그 속에서 미란 씨는 남편을 만났다. 남편 광열 씨는 마장동에서 미란 씨에게 친절한 유일한 남자였다. 광열 씨는 미란 씨에게 슬쩍 간식을 챙겨주고 물건을 들어주며 늘 그녀 곁을 맴돌았다. 그는 언제나 자신감에 넘쳐 있었고, 성실한 모습이었다. 미란 씨는 그런 그가 좋았다. 책임감 없이 어머니를 고생시킨 아버지 때문에 결혼마저 망설이던 그녀에게 광열 씨는 결혼에 대한 새로운 확신을 심어줬다.

그렇게 시간이 흘러 고기 만지는 일을 천직으로 여기는 광열 씨와 미란 씨는 백년가약을 맺었다. 그는 미란 씨가 마장동에서 20년 넘게 뿌리내릴 수 있게 늘 곁에서 그녀를 지켰다.

여자의 손을 내려놓다

남들보다 일찍 시작된 마장동의 하루도 끝이 났다. 퇴근 준비를 하던 광열 씨가 냉동고를 찾았다. 이른 저녁 식사를 하기 위해서였다. 평생 고기를 만져온 그는 여전히 고기를 좋아한다. 준비한 고기를 들고 찾아간 곳은 마장동 스타일의 고깃집이었다. 자리값만 내면 가져온 고기를 얼마든지 구워 먹을 수 있는 곳인데, 20년 넘게 고기를 만졌지만 이렇게 호사를 누리게 된 것은 몇 년 되지 않는다. 그 전까지 늘 손질하고 남은 자투리 고기에 만족했다.

맨주먹으로 시작한 부부는 평생 노점상으로 고생한 미란 씨 어머니의 곗돈까지 헐어 고기 장사를 시작했다. 부부는 누구보다 열심히 일했다. 밤낮을 가리지 않고 거래처를 만들고 납품 기일을 맞췄다. 하지만 사람을 너무 믿은 게 화근이었다. 사업을 시작하고 얼마

후 서서히 안정이 된다 싶었을 때 믿었던 거래처에 고기 값을 떼였다. 거래처 사무실에 찾아가도 소용없었다. 하루가 멀다 하고 문을 두들겼으나 거래처 사장은 이미 도주한 지 오래였다.

그렇게 떼인 돈이 자그마치 6억 원이 넘었다. 어떻게 해볼 도리가 없었다. 그녀의 입에서 처음으로 욕이 튀어나왔다. 그래도 상황은 변하지 않았다. 부부는 한번 데이고 나니 고기라면 지긋지긋해졌다. 그러나 배운 게 도둑질이라고 마장동밖에 몰랐던 부부는 다시 고기 일을 시작했다. 남편은 전국을 돌아다니며 닥치는 대로 일했다. 저렴한 소가 있다는 이야기가 들리면 바로 찾아갔다. 살기 위해서 어쩔 수 없는 일이었지만 미란 씨는 혼자 마장동을 지켜야 했다.

"새댁, 내가 자기를 어떻게 믿고 돈을 빌려줘."

남편이 전국을 돌아다니며 소와 씨름하는 동안 미란 씨는 마장동에서 돈과 씨름해야 했다. 그녀는 고스란히 빚으로 남은 미수금에 소 값까지 막기 위해 누구라도 붙잡고 손을 벌려야 했다. 감당하기 힘든 시간을 견디는 동안에도 미란 씨는 누구에게도 속을 터놓을 수 없었다. 그게 그녀를 더 힘들게 했다. 자신이 잘못 살아온 것이 아닐까 하는 회한이 그녀를 더 힘들게 했다.

24시간 내내 발을 동동거리며 마장동을 뛰어다녔지만 형편이 나아지기는커녕 냉장고에는 재고만 쌓였다. 열심히만 하면 언젠가는 살만해지겠지 하는 실낱같은 희망을 갖고 버텨왔으나 그마저 버려야 할 것 같았다. 그 순간, 마장동 시장 앞에서 장사를 하고 있는 노파가 눈에 들어왔다. 그녀의 모습에 평생 장바닥에서 대야를 이고 살아야 했던 어머니가 겹쳐졌다. 나도 어머니와 같은 길을 걷고 있구나, 그때 어머니도 분명 도망치고 싶은 순간이 있었겠구나 하는 생각이 드는 순간 미란 씨는 다짐했다. 더는 나약해지지 않겠다고. 도망치지 않겠다고, 그녀는 강해지기로 마음먹었다.

그날부터 미란 씨는 어린 아들을 등에 업고 마장동에서 칼을 잡았다. 도와주는 이 하나 없이 그녀 혼자 모든 것을 해냈다. 하지만 그동안 사무만 보던 미란 씨에게 칼질은 결코 쉽지 않았다. 손은 서툴고 마음만 급했던 미란 씨는 칼에 찔리고 베이기를 수십 번, 그래도 절대 칼을 놓지 않았다. 남편은 미란 씨의 손을 볼 때마다 가슴이 아팠다. 그녀는 여자의 손을 내려 놓고 칼을 잡았다. 미란 씨의 손 이곳저곳에는 흉터가 훈장처럼 남아 있다.

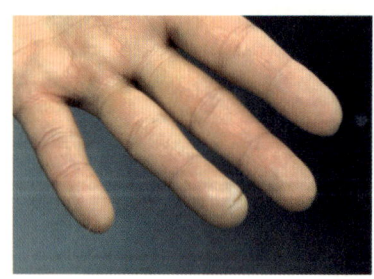

이곳저곳 흉터가
훈장처럼 남아 있는 미란 씨의 손.

일은 칼같이, 이왕이면 즐겁게

미란 씨 부부의 하루 일과는 어김없이 소와 함께 시작된다. 그 첫 순서가 경력 25년 차 광열 씨의 능숙한 칼놀림이다.

소의 뼈와 살을 분리해내는 발골 작업. 상처 없이 뼈와 살을 어떻게 분리하느냐가 핵심인 고난도의 작업이다. 칼끝을 세워 이음새를 찾아 분리하는 것이 기술이다. 광열 씨는 능숙한 칼솜씨로 발골 작업을 해나간다. 특히 발골이 어려운 견갑골은 부채 모양으로 생겨 '부채뼈'라고 하는데, 그는 오랫동안 작업해온 만큼 한 치의 오차도 없이 뼈와 살을 분리해냈다.

광열 씨는 발골 작업의 핵심이 등심이라고 한다. 소 한 마리에서 등심이 차지하는 양은 10%지만 가격은 전체 가격의 30%에 달하기 때문이다. 발골은 칼끝에서 몇 만 원이 왔다갔다 하기 때문에 매우 중요한 작업이다. 광열 씨의 칼이 지나갈 때마다 소는 부위별로 나눠졌다. 차돌박이와 업진살, 등심살, 치맛살로 나눠졌다. 숙련된 발골사에 의해 소 한 마리가 해체되는 데 걸리는 시간은 1시간 정도. 크게 열 부위로 나눠진 소는 필요에 따라 100여 부위로 다시 나뉜다.

아침 작업이 끝나고 광열 씨가 칼을 내려놓았다. 광열 씨는 작업장을 나서 바쁘게 외출 준비를 했다. 미란 씨는 광열 씨를 차까지 배웅했다.

"잘 다녀오세요. 오늘 하루도 잘 보내요."

"응 다녀올게."

미란 씨는 걸어가는 광열 씨의 뒷모습을 오래 바라봤다. 20여 년을 함께 보낸 그의 단단한 어깨에 세월이 내려앉은 것 같아 그녀는 자꾸 신경이 쓰였다. 광열 씨가 운전하는 차는 시내를 빠져나와 고속도로에 올랐다. 그의 또 다른 일은 전국 각지를 돌며 좋은 소를 구입하는 것이다. 광열 씨는 소고기 가공업으로 잔뼈가 굵었기 때문에 소를 보면 육질의 등급까지 가늠할 수 있었다. 그래서 얼마 전부터 그는 좋은 소를 구하기 위해 직접 공판장을 찾는다. 중매인을 통해서는 살 수 없었던 물건까지 살 수 있어 더 좋다고 한다.

3시간을 달려 음성에 위치한 축산물공판장에 도착했다. 음성축산물 공판장은 대지 5만 8671m^2에 건물 3만 46m^2로 서울공판장의 1.8배 규모다. 농협중앙회가 건립한 이 공판장은 하루에 소 280마리, 돼지 1800마리를 도축할 수 있는 현대화된 시설을 갖추고 있다. 광열 씨는 공판장을 돌며 구매할 소를 미리 골랐다. 기준은 마블링의 상태. 그는 도축된 소의 육질을 꼼꼼히 살폈다. 이윤과 직결되니 소홀할 수가 없다. 구매할 소를 고른 광열 씨는 등급 판정을 받은 소의 경매를 기다렸다. 경매가 시작되자 그의 손이 바빠졌다. 좋은 등급의 소를 원하는 가격에 낙찰받는 것이 관건이기 때문에 경매장은 순식간에 신경전으로 달아올랐다.

광열 씨는 소가 팔려나가는 사이 초조함을 감추지 못했다. 소 한 마리당 결정 시간은 단 15초. 광열 씨는 그 짧은 시간에 전국 각지에서 모인 중매인들과 치열한 눈치싸움을 펼쳤다. 중매장 전광판에 낙찰 가격과 낙찰인 이름이 떴다. 광열 씨가 아니었다. 간발의 차로 점찍어둔 소를 놓쳤다. 아쉽지만, 미련을 둔다고 해결될 일은 아니기에 그는 자리를 털고 일어나 경매장을 나섰다.

한편 마장동 사무실에는 무거운 침묵이 흘렀다.

"환장하겠네."

미란 씨는 답답한 마음에 애꿎은 볼펜만 괴롭혔다. 톡톡, 볼펜이 책상과 부딪치는 동안 정적이 흘렀다. 그녀의 거래처 직원은 작게 한숨을 내쉴 뿐이었다.

"제가 알아서 팔게요."

침묵 속에서 미란 씨가 결심한 듯 말했다. 큰 실수를 한 거래처 직원은 그제야 안도의 한숨을 내쉬었다. 그가 사무실을 빠져나가고 미란 씨는 계산기를 두드려 손해를 만회할 숫자들을 이리저리 찍어봤다. 그때 다른 거래처 직원이 사무실을 지나 제집인 양 냉장고를 열어 고기를 골랐다. 그가 고른 것은 최고급 한우 등심이었다. 고기를 고른 직원이 미란 씨에게 흥정을 시도했다.

"4만 원에 주세요."

미란 씨의 미간이 약간 일그러졌다.

"나하고 지금 장난하는 거야?"

"가져갈게요."

오랫동안 쌓아온 정이 있어 장난스러운 흥정이 오가는 와중에도 미란 씨는 종종 단호하게 가격을 제시했다.

"4만 원에 주세요."

"안 돼, 4만 원에 가져갈 거면 내려놔."

미란 씨의 표정이 굳었다. 거래처 직원의 표정이 진지해졌다. 달리 마장동 3대 여장부일까. 그녀는 진지하게 가격을 협상했다. 돈에 대해서는 공과 사가 확실한 그녀였다. 거래처 직원들은 미란 씨를 테스트했다. 미란 씨가 여자이기 때문이다. 하지만 그녀는 여자이기 전에 사업가였다. 그래서 가격을 흥정할 때 거래처 직원에게 지는 일은 거의 없다. 흥정이 끝났다. 미란 씨가 제시한 가격에 거래처 직원이 두 손을 들었다.

"너무 서운하게 생각하지 말고."

흥정이 끝난 고기를 옮기는 직원의 등에 대고 미란 씨가 살갑게 말했다.

"수고하고, 파이팅합시다."

딱딱했던 분위기가 금방 풀어졌다. 흥정은 칼같이, 인사는 즐겁게. 그게 마장동의 정이고 맛이다.

여장부의 재테크

바쁜 미란 씨의 하루는 쉴 틈이 없다. 그녀는 사무실을 빠져나와 자동차에 올랐다. 그녀가 1년 전 목동에 개업한 식당으로 차를 몰았다. 고기가 떨어져 직접 배달하기 위해서였다. 미란 씨는 직접 소를 다루는 일을 하다보니 소비자에게 다양한 종류의 고기를 합리적인 가격에 공급하기 위해 직접 고깃집을 열었다.

 그녀는 박스를 옮겨놓고 식당을 한 번 둘러봤다. 적지 않은 손님이 식당을 채우고 있었다. 그녀의 시선이 식당 한구석에 있는 수족관에 머물렀다. 관상용인 줄 알았던 수족관에는 고기가 들어 있었다. 광열 씨가 새로 개발한 고기 숙성 창고다. 부부는 수족관 때문에

매장을 방문한 손님들이 수족관 속 고기를 바라보고 있다. 이색적인 수족관에 포토존을 만들어 마케팅 효과도 톡톡히 보고 있다.

부부싸움을 숱하게 했지만, 광열 씨의 열정을 꺾을 수는 없었다. 광열 씨는 어릴 적 어머니가 김칫독을 우물에 넣어둔 것에 착안해 고기를 물속에서 숙성시키는 방법을 찾아냈다. 테스트 과정에서 수없이 많은 고기를 버렸지만, 버려진 고기는 광열 씨에게는 일종의 투자금이었다. 투자금이 많아질수록, 버려지는 고기가 많아질수록 미란 씨는 걱정이 앞섰다고 한다. 하지만 미란 씨의 예상과는 다르게 손님들은 수족관에서 시선을 떼지 않았다. 볼수록 신기한 풍경이었다. 공포 영화 속에서나 볼 법한 광경이었지만, 고기는 한층 더 좋은 상태로 숙성돼 육질이 좋아졌다. 그 덕에 유명해진 목동의 식당에서 미란 씨는 하루 500만 원 이상 수익을 올린다. 연 매출을 계산하면 18억 원 규모다.

"제일 중요한 건 종잣돈이에요. 그걸 마련하기 전까지는 거의 모든 걸 포기할 수 있어야 해요."

그녀가 말하는 부의 비법은 종잣돈 마련에 있었다. 미란 씨의 인생은 종잣돈이 생기기 전과 후로 나눌 수 있다. 신혼 시절. 그녀는 남편이 월급으로 120만 원을 받아오면 무조건 100만 원을 저축했다. 전기요금, 수도요금, 월세를 내면서 100만 원을 저축한다는 게 말처럼 쉬운 일은 아닌데, 그녀는 악착같이 돈을 모았다. 무조건 저축하다 보니 1년 만에 1200만 원이 모였다. 그렇게 몇 년, 어느 정도 돈이 모이자 장사 밑천으로 썼다. 사업을 시작하고 여러 번 고비가 있었지만 그때마다 같은 방법으로 이겨냈다. '돈이 모이면 알아서 굴러간다.' 그녀는 이 간단한 상식을 몸으로 익히고 실천했다. 그녀는 모든 돈 관리를 직접 한다. 그녀의 책상에는 온갖 장부와 영수증이 한눈에 알아볼 수 있게 정리되어 있다. 복잡한 회계 처리나 금전 출납 장부도 엑셀 파일로 정리해 관리한다. 경리로 일하던 시절 익힌 노하우를 하나도 버리지 않고 고스란히 활용하는 것이다.

"이번에 새로 부임한 부지점장입니다."

은행을 방문한 미란 씨 앞에 은행 직원이 자신을 소개했다. 처음 100만 원씩 저축하던 그녀가 이제는 은행 임원이 직접 인사를 올 정도로 VIP 고객이 되었다. 그녀는 지금도 돈이 생기면 무조건 은행에 맡긴다. 꼭 필요한 곳에만 돈을 쓰고 돈이 어느 정도 모이면 투자 상품을 추천받는다. 하루 일과 역시 은행 업무로 마무리한다. 집 안 거실 탁자 위에 은행 업무를 위한 단말기가 몇 개씩이나 놓여 있고, 이를 통해 돈 관리를 한다. 뭐든지 직접 해야 새는 것이 없는 법이다. 1원짜리 하나까지 철저하게 챙기는 습관이 부자를 만든다.

◆ **마장동 여장부 연 매출 추산**

도매 : 약 140억 원, 경매 수수료 : 약 1억 5000만 원, 고깃집 : 약 18억 원
약 160억 원!

주어진 복인데 어쩔 수 없지, 열심히 하는 수밖에

오랜만에 미란 씨와 광열 씨가 친정어머니 댁을 찾았다.
"잘 지내셨어?"
 광열 씨가 신발을 벗으며 장모에게 서글서글하게 웃었다. 장모에게 광열 씨는 살가운 아들 같은 사위였다. 미란 씨도 장모를 어머니처럼 여기는 남편이 고마워 늘 친정을 방문할 때면 마음이 뭉클해진다.
 요즘 한창 요리 연구에 빠진 광열 씨가 주방장을 자처했다. 광열 씨는 신나게 요리를 했고, 장모가 그 옆에서 잔소리 아닌 잔소리를 쏟아냈다. 사위는 백년손님이라지만 광열 씨는 처가가 집보다 편했다. 장모도 그런 사위가 오히려 반가웠다. 그런데 처음부터 둘 사이가 좋았던 것은 아니다. 장모는 처음 인사 온 사위가 마음에 들지 않아 마주 앉자마자 몸을 돌려버렸다고 한다.
 퉁퉁하고 무뚝뚝하게 생긴 발골사가, 티셔츠 하나만 입어도 동네가 빛이 난다던 딸을 달라고 하니 마음에 차지 않았을 수밖에. 그래도 말린다고 말을 들을 딸도 아니고, 부모 된 도리로 뭔가 해준 것도 없는데 어떻게 말리나 싶어 억지로 결혼을 승낙했는데, 웬걸 결혼을 시키고 보니 진국도 그런 진국이 없었다. 툭툭 내뱉는 말 한마디에도 정이 듬뿍 담겨 있고, 힘들어도 내색 한 번 안 하고 늘 딸 옆을 지키며 보살피고 힘이 돼주는 진짜 진국이었다.

모녀와 사위가 밥상에 둘러앉았다. 밥상 위에는 흰 쌀밥과 먹음직스러운 닭볶음탕이 맛있는 냄새를 풍겼다. 장모는 괜히 눈시울이 젖었다. 독하게 살아온 딸 부부가 자랑스럽기도 하고 안쓰럽기도 해서다.

"네가 나를 닮지 말아야 했는데, 일복이 터지는 나를 닮아서 고생하고 사는 것 같아."

어머니의 말에 딸의 얼굴이 숙연해졌다.

"주어진 복인데 뭐 어쩔 수 없지. 열심히 사는 수밖에."

그것도 잠시 미란 씨는 애써 환하게 웃었다.

"제가 잘해줄게요."

광열 씨가 미란 씨의 손을 꼭 잡았다. 그녀는 안 하는 일은 있어도 못하는 일은 없다고 생각하며 살았다. 뼈와 살 사이에서 보이지 않는 길을 찾아내듯, 자신의 인생에서 길을 찾아냈다. 독해야지, 마음을 다잡고 독해야지, 부지런해야지, 미란 씨는 다잡았던 마음을 밥상 앞에서만은 내려놓고 따뜻한 저녁을 즐겼다.

갑부의 비밀 사전 •

마장동 고기 갑부 장미란 씨의
재테크 비법

1 뭐든지 직접 하라

정육 사업은 중매인의 역할이 중요하다. 경험이 많은 중매인을 고용하면 그만큼 좋은 육질의 소를 살 수 있기 때문이다. 중매인 수수료는 보통 두당 10만 원 정도다. 미란 씨는 과감하게 중매인을 두지 않았다. 그래서 발골사인 광열 씨가 직접 매일 새벽 충북 음성까지 내려가 중매인 역할을 한다. 하루에 10두의 소를 거래한다고 가정하면 광열 씨가 중매 일을 해서 아끼는 중매 수수료는 100만 원 정도다. 또 광열 씨는 다른 업체의 소까지 중매해 상당한 부수익을 올리고 있다. 부부는 도매 판매와 소매 판매를 함께 하고 있다. 또 부부의 특기를 살려 손질한 소고기를 직접 운영하는 식당에서 판매해 적지 않은 수입을 올리고 있다. 뭐든지 직접해야 아낄 수 있는 법. 점검하고 또 점검해서 낭비되는 돈이 없는지 확인하고 줄일 수 있는 돈은 줄여야 한다.

2 종잣돈을 목숨처럼 생각하라

미란 씨는 장사를 하려면 종잣돈이 있어야 한다고 한다. 종잣돈을 모으는 데는 철저한 계획이 필요하다. 미란 씨의 저축 습관은 종잣돈을 모으며 생겼다. 종잣돈은 장사의 기본이다. 1000만 원을 모으기는 쉽지 않지만, 1000만 원의 종잣돈으로 2000만 원을 벌기는 비교적 쉽다. 장사를 하려면 무조건 종잣돈을 모아야 한다. 미란 씨는 자신이 종잣돈을 모으기 전과 모은 후의 인생이 완전히 달라졌다고 말한다.

3 회계 프로그램과 친해져라

미란 씨는 한 번 거래하는 데 많게는 몇 억 원씩을 사용한다. 큰 단위의 돈은 자릿수 하나만 놓쳐도 한 달 영업이익을 날릴 수 있다. 그래서 회계 관리 프로그램을 사용하는 것은 필수다. 요즘 여러 가지 회계 프로그램이 시판되고 있는데 기회가 있다면 하나쯤은 사용법을 익혀두자. 적은 돈으로 효율적인 회계 관리를 할 수 있게 된다. 부자들은 어떻게 돈을 버느냐보다, 어떻게 나가는 돈을 줄이느냐에 더 관심이 많은 법이다.

4 돌지 않으면 돈이 아니다

미란 씨는 돈을 모으면 우선 은행에서 추천하는 투자 상품부터 검토

한다. 리스크를 줄이기 위해서다. 그렇다고 무조건 돈을 은행에다가 차곡차곡 쌓아두는 것은 아니다. 그녀는 돈은 돌지 않으면 돈이 아니라고 생각한다. 대신 건물을 사거나 집을 살 때에는 수익성을 따지기보다 정육 사업과 얼마나 연관이 있는지, 자신의 행동 반경과 얼마나 가까운지부터 따진다. 당장 눈앞의 수익보다 먼 미래를 보는 것이다.

억척 어멈과
보물 반찬 가게

10

청주 반찬 가게 허미자

돈을 모시면 꼭 탈이 나는 법이야.

누구에게나 삶은 고되다

"아줌마! 아줌마 거기 서요! 아줌마!"
몇 년 전 미자 씨는 비닐봉지를 품에 안은 채 경비원에게 쫓긴 적이 있다. 물건이라도 훔친 것일까? 미자 씨는 경비원의 추격에 혼비백산해 뒤도 못 돌아보고 뛰었다. 품에 안은 것을 빼앗기면 모든 것을 빼앗기기라도 하는 듯 미자 씨는 다급했다. 가족과 손잡고 나와 행복한 얼굴의 인파 속에서 절망의 얼굴을 한 사람은 미자 씨밖에 없었다.

경비원은 추격의 고삐를 늦추지 않았고 숨이 턱끝까지 차올라온 미자 씨가 숨어들어간 곳은 바로 남자 화장실이었다. 미자 씨는 몸을 움츠리고 앉아 바깥의 발걸음 소리에 온 신경을 집중했다. 그녀의 품에는 아직 검은 비닐봉지가 안겨 있다. 미자 씨는 화장실에서 사람의 기척이 사라지자 겨우 몸속에 차오른 숨을 토해냈다. 겨우 죽지 않을 만큼 참았던 숨이었다. 그리고 그녀는 품에 안고 있던 비닐봉지 속 내용물을 살폈다. 아직 온기가 남아 있는 반찬들이었다. 갑자기 서러움이 그녀의 어깨를 흔들었다. 뱃속부터 뜨거운 것이 올라왔다. 그리고 그녀는 울었다. 곱게 포장한 반찬 위로 눈물이 뚝뚝 떨어졌다.

누구에게나 삶은 고되다. 그 사실은 너무나 자명하다. 어려운 수학 문제처럼 삶은 수많은 갈림길 끝에서 해답을 내놓는다. 맨몸으로 세상에 던져진 인간은 길이 없는 광활한 사막과 마주한다. 누구나 출발은 같다. 하지만 어떤 사람은 삶을 개척하고 어떤 사람은 현실을 부정하거나 불평한다. 그녀도 그랬다. 미자 씨도 한 줌 빛도 들어오지 않는 깜깜한 어둠 속에 앉아 있었다.

청주시장 억척 어멈

"언니 나 리어카 좀 쓸게~"

미자 씨는 시장 상인에게 빌린 손수레에 정성스럽게 포장한 음식을 잔뜩 싣고 시장을 누빈다. 그녀의 얼굴은 언제 그랬냐는 듯 맑고 환하다. 인생은 난전을 굴러다니는 돌 같아 언제 구석으로 치워질지 모른다지만 지금 미자 씨의 인생은 깜깜하지 않다. 오히려 희망이라는 큰 빛이 그녀의 삶을 비춘다.

"안녕하세요! 맛있는 간식 반찬이 왔어요. 언니~ 오늘 언니 좋아하는 홍어무침 해왔어. 맛있는 간식 반찬 왔어요."

미자 씨가 우렁찬 목소리로 손수레를 끌고 시장 안으로 들어서자 그 목소리에 이끌려 상인들이 손수레 앞으로 하나둘 모여들었다.

"이거 맛있나?"

시장 상인 한 명이 반찬을 가리키며 말하자 미자 씨가 호탕하게 웃는다.

"언니야 나 몰라? 나 허미자여. 허미자. 이 동네에서 나 모르면 간첩인데? 언니 간첩인가봐?"

그녀의 넉살에 상인들이 깔깔 웃었다. 도매시장에 장보러 온 사람부터 상인들까지 모두 미자 씨의 반찬에 눈길이 모아졌다. 한번

미자 씨가 직접 만든 반찬으로 방문 판매 서비스를 하고 있다.

눈길을 준 사람들은 지갑을 열지 않고는 못 배겼다. 그게 미자 씨의 마력이다.

"팥죽도 팔아요?"

"여기 언니들은 지금 엄청나게 배고픈 시간이거든. 이게 내 비장의 무기야."

누가 묻자 미자 씨가 웃으며 말한다. 시장 바닥에서 잔뼈가 굵은 상인들에게도 미자 씨는 머리를 잘 쓰는 사람으로 통했다. 상인들의 호응에 미자 씨가 준비한 팥죽이 금방 동났다. 쌀쌀한 날씨에 허기가 찾아오는 점심시간이 되자 미자 씨가 준비한 팥죽을 상인들은 너도나도 한 그릇씩 해치우기 바빴다.

"참 억척같아. 자기 점포도 갖고 있으면서 이렇게 직접 팔러 나오기 쉽지 않은데."

"이 동네에서 모르는 사람이 없지. 아주 돈을 박박 긁어가지. 알부자야!"

팥죽을 호호 불어 먹으며 상인들이 하나같이 말을 보탠다.

"긁어가긴 뭘 긁어가? 자기 노력의 대가지."

미자 씨는 정신없이 팥죽을 담아내면서도 상인들의 농을 다 받아친다.

오전 10시 50분부터 점심시간 전까지 딱 한 시간! 미자 씨는 가져온 음식과 반찬을 완판하고 빈 손수레를 끌고 유유히 도매시장을 빠져나갔다.

한 시간에 42만 원. 그녀의 매출이었다.

마누라 고생이야 내가 알지

미자 씨가 오전 장사를 마치고 걸음한 곳은 자신의 7평 남짓한 반찬 가게. 작다고 무시할 수 없는 그녀의 사업장이다. 2005년에 가게를 열어 딱 10년째. 미자 씨를 속속들이 아는 9년 차 고참 직원부터 막내인 4년 차 직원까지 모두 가족처럼 친구처럼 지내는 막역한 사이다.

"사장님 오늘 전은 몇 종류나 준비해요?"

"그냥 네 개만 하자."

미자 씨는 쉴 틈도 없이 일을 시작했다. 그녀는 좀처럼 쉬는 법이 없다. 먹이를 찾는 새의 날갯짓처럼 그녀의 분주한 두 손은 멈추는 법이 없다. 그렇게 일만 하는 미자 씨에게 사람들은 하루에 얼마나 버냐고 자주 묻는다.

"지금 만드는 게 두부강정이거든요. 이게 한 판에 10만 원어치야. 나머지는 알아서들 계산해요."

미자 씨는 이렇게 대답하고 만다. 사람들이 하는 단순한 돈 계산이 미자 씨에게는 금액을 넘어선 또 다른 의미가 있을 것이다. 반찬 가게 사장인 그녀는 양념이 들어가는 반찬은 모두 직접 조리한다. 본격적으로 반찬이 나오기 시작하는 시간은 오전 8시. 그러나 오후 4시까지 쉴 틈없이 꼬박 조리해야 모든 반찬이 다 나온다.

가게는 작지만 사장인 미자 씨가 개발한 두부강정과 돼지강정, 우엉튀김, 연근튀김 같은 신메뉴부터 국이며 나물, 전, 김치, 장아찌류까지 반찬 종류만 총 120여 가지나 되는 알찬 가게다. 보통 반찬은 장아찌류가 3000원, 그녀가 개발한 특별한 반찬들은 5000원에 판매된다. 이렇게 어마어마한 양을 만들어도 모자라서 더 만들어 파는 것도 있다. 작다고 무시 못할 가게다.

사장인 미자 씨가 반찬을 만들어 내놓자마자 손님들이 몰려든다. 그녀의 특별한 전략은 마트처럼 시식이 가능하다는 것이다. 진열된 반찬의 맛을 보장하는 자신감이 있어야 할 수 있는 그녀만의 전략.

미자 씨 반찬 가게의 반찬들.
미자 씨는 모든 반찬을 직접 조리해 판매한다.

장 보러 나온 주부들의 발길을 붙잡는 것은 당연지사. 거기에 미자 씨의 후한 인심은 덤이다. 입맛이 까다로운 주부 고객들도 미자 씨의 간이 최고라고 입을 모았다. 절대로 다른 가게에서는 안 산다고, 미자 씨 가게의 반찬이 떨어지면 다른 가게로 가지 않고 그냥 집으로 간다는 손님도 더러 있다. 한시도 쉴 틈 없는 그녀의 가게, 그만큼 늘어나는 매출. 돈을 주고받는 미자 씨의 손이 쉴 새 없다.

10년 전, 시장 안에는 반찬 가게가 딱 하나밖에 없었다. 그런데 미자 씨네 가게가 들어오고 장사가 잘되면서 지금은 7개까지 늘어난 상황이다. 그야말로 미자 씨 반찬 가게를 중심으로 반찬 골목이 형성된 것. 근처 시장 상인의 이야기로 그녀가 올리는 하루 매출은 200만 원에서 300만 원이란다. 실제 가게에서 쓰는 포장 용기는 하루 700~800개 정도. 반찬 한 접시에 3000원으로 잡고 대강 계산해도 240만 원의 하루 매출이 예상된다.

◆ 반찬 가게 매출 예상액

1호점 + 2호점
일 매출 약 540만 원
월 매출 약 1억 6200만 원
연 매출 약 19억 4400만 원!

분주하게 가게를 활보하던 미자 씨가 앞치마를 벗었다. 그녀는 반찬 가게를 빠져나와 어딘가로 걸어갔다. 그녀가 도착한 곳은 시장 근처의 한 상가.

"오늘 뭐 맛있는 거 끓였어?"

"육개장 끓여요."

아들이 하는 2호점이다. 미자 씨가 운영하는 1호점의 뒷골목에 2호점이 자리 잡고 있다. 2호점이라지만 반찬보다는 도시락 배달을 주로 하는 곳이다. 가정집이나 사무실 같은 곳으로 하루에 500인분 이상 나간다. 하루 배달하는 곳만 해도 240곳이다.

"출발합시다!"

중년의 남자가 가게로 들어와 포장된 도시락을 옮겼다. 바로 미자 씨의 남편이다. 가족 경영 또한 미자 씨네 반찬 가게의 성공 포인트 중 하나다. 2호점은 큰아들이, 배달은 남편이 담당하고 있다. 남편 혼자 감당하기에는 만만치 않은 배달양이라 배달 식원만 6명에 배달 차량도 여러 대 운영하고 있다. 도대체 얼마나 버냐고 사람들이 물어보면 그녀는 웃으며 고개를 젓는다.

배달을 마치고 온 남편은 미자 씨의 가게에 들러 이것저것 일을 도왔다. 하루 종일 배달을 해서 피곤할 만도 하지만 그는 분주하게 움직인다. 미자 씨는 남편이 쉴라치면 반찬 포장이며 호박죽 포장 같은 것을 부탁했다. 불평할 수도 있는데 그는 묵묵히 포장을 돕고 일거리를 찾았다.

"아내가 얼마나 고생하는지 봐야지, 그래야 돈을 허투루 안 쓸 거 아니야."

무심결에 나온 미자 씨의 한마디에 남편이 머쓱하게 웃었다. 이들 부부에게도 남다른 사연이 있다.

순탄하기만 하면 그게 인생일까

31년 전, 연애결혼을 한 두 사람은 아들 둘을 낳고 남들처럼 평범하게 하루하루를 누구보다 충실하게 살았다. 가진 건 많지 않았지만 더없이 행복한 삶이었다. 그런 부부의 행복에 금이 가기 시작한 것은 2000년. 여느 날처럼 일상을 보내고 있던 미자 씨에게 한 통의 등기우편이 도착했고, 그 봉투를 열어보는 순간 그녀의 인생은 지금껏 한 번도 생각해보지 못한 방향으로 틀어졌다. 남편이 아내 몰래 친구의 빚보증을 선 게 잘못돼 날아온 차압 문서였다. 결혼생활 20년, 부드러운 손이 거칠게 변하는 것을 대수롭지 않게 여기며 하나둘 쌓아올린 모든 것이 그녀가 보는 앞에서 한순간에 무너져 내렸다. 이미 되돌릴 수 없는 보증 빚에 남편이 몰래 신용카드로 돌려막다가 과부하가 걸린 것이었다.

미자 씨는 그 큰 금액을 체감할 수도 없었다. 몇 자리의 복잡한 숫자가 부부가 살던 27평짜리 생활의 터전을 앗아가고 부부의 평화를 앗아갔다. 남편은 그때부터 술을 마셨다. 아내에 대한 미안한 마음을 달리 풀 수 있는 방법이 없었다. 남편은 아직도 그 무거운 짐을 가슴속에 품고 살고 있다. 설상가상 길거리에 나앉게 생긴 그 무렵에 남편은 허리를 다쳐 직장까지 잃었다. 미자 씨는 꼼짝도 못 하고 누워 지내는 남편을 두고 혼자 거리에 나섰다. 갈 곳도 없이 막막했지만 가만히 앉아 있을 수만은 없는 노릇이었다. 가족이라는 큰 배가 풍랑에 가라앉는 것을 눈뜨고 보고만 있을 수는 없었기 때문이다. 수중에 있는 돈은 70만 원이 전부였고, 그 돈은 아끼고 아껴도 몇 달 생활비밖에 되지 않았다.

불현듯 덮친 불행은 작정이라도 했는지 미자 씨에게 야속하고 무정했다. 산목숨이라 살기는 해야 하는데, 어떻게 살아야 할지 몰라 막막한 나날이 그녀의 일상에 펼쳐졌다. 미자 씨는 돈을 벌자는 생각에 자신을 써주는 곳엔 무조건 찾아가서 밤낮없이 품을 팔았다. 하루가, 한 시간이, 1분 1초가 아까웠다. 10원이라도 더 벌 수 있으면 몸이 부서져도 상관없을 것 같았다. 지금 반찬 가게 사장으로 살기 전까지 스물여섯 가지 일을 했다. 단무지 공장에서 우비를 쓰고 단무지를 절이는 일도, 파출부 일도 돈을 조금이라도 더 준다면 마다하지 않았다.

그러던 어느 날 일을 마치고 집으로 돌아가던 길에 미자 씨는 낯익은 뒷모습을 발견했다. 한밤중의 거리에서 박스를 줍고 있는 남자, 바로 남편이었다. 허리가 아파서 걷는 것도 힘든 상태였는데 얼마나 미안했으면 그랬을까. 그 뒷모습에 그녀의 억장이 무너졌다. 남편도 견디고 있구나 하고 미자 씨는 생각했다. 나중에 안 사실이지만 남편 역시 그때 울면서 박스를 줍고 있었다고 한다. 아내에게 해준 것은 없고, 어머니가 해준 집은 날리고 미안한 마음을 어떻게 할 수가 없어서였을 것이다.

돈은 모시면 탈 나는 법이여

"아니 이렇게 좋은 솜씨를 왜 썩혀?"

미자 씨의 인생에 다시 순풍을 받는 돛을 달아준 말이다. 절망 속에서 하루하루 삶을 견디던 그녀는 시골에서 채소나 떼서 팔 궁리를 하고 있었는데, 미자 씨의 반찬을 먹은 지인이 그렇게 말했다.

미자 씨는 지인이 무심코 던진 말을 곰곰이 곱씹고 주변을 둘러봤다. 그러니까 보이는 게 있었다. 맞벌이 주부들, 밥을 사 먹는 사람들이 보였다. 미자 씨는 거기서 비전을 발견했다. 사 먹는 추세. 그들에게 건강한 반찬을 팔면 되겠다는 생각에 무릎을 탁 쳤다. 그래서 그동안 모아둔 피 같은 돈을 투자해 작은 반찬 가게를 열었다. 하지만 운이 없었을까? 가게를 열자마자 인근 아파트 재개발이 시작됐고, 시장 공사까지 겹쳐 시장을 찾는 사람이 눈에 띄게 줄었다. 손님보다 상인이 더 많은 꼴이었다. 하루 5만 원의 매출도 올리기 힘든 날이 부지기수였다. 남은 반찬을 버리는 일이 수도 없었다. 앉아서 돈을 버리는 셈이었다. 미자 씨는 이렇게 하면 망하겠구나 싶어 만든 반찬을 들고 가게를 나섰다.

"반찬 사세요. 맛 좀 보세요."

예상은 했지만 거리에서 반찬을 파는 미자 씨에게 사람들은 냉랭하게 반응했다. 사람들은 길에서 파는 반찬에 눈길도 주지 않았다. 미자 씨는 시장 앞에서 사람이 조금 더 많은 곳으로 가보기로 했다. 그렇게 좌판을 펼친 곳이 인근 아웃렛 매장이었다. 반찬 냄새가 난다며 쫓겨나기 일쑤였지만 미자 씨의 어깨에는 가족의 미래가 달려 있었기 때문에 쉽게 포기할 수 없었다. 자존심이고 뭐고 다 내던지고 지하부터 한 층씩 계단을 올라가며 반찬을 팔았다.

"아줌마 거기서 뭐해요? 거기 서요. 서!"

무엇보다 무서운 것은 사람이다. 아무리 숨겨도 반찬 냄새를 숨기기는 힘들었고, 상인들의 신고에 경비원들이 달려왔다. 하지만 잡히면 더 이상 희망이 없었고, 또 애써 만든 반찬을 빼앗기면 어쩌나 싶어 미자 씨는 있는 힘을 다해 도망쳤다. 미자 씨는 반찬이 든 비닐봉지를 품에 안고 사람들이 북적이는 아웃렛 매장을 달렸다. 힘껏 뛰면 이 모든 힘겨운 상황을, 지독하게 가족을 괴롭혀대는 가난도 다 벗어버릴 수 있다는 생각을 하면서 그녀는 달리고 또 달렸다. 정신을 차려보니 남자 화장실 안이었다. 미자 씨는 숨어서도 들키지 말아야 한다는 생각뿐이었다. 제발, 더 이상 쫓아오지 않기를, 이 문을 열고 나가면 예전 행복하던 시절로 다시 돌아갈 수 있기를 바라면서.

경비원이 미자 씨 찾기를 포기하고 화장실을 나서자 그녀는 비로소 안도했다. 살았다. 이제 살았어. 그 순간 서러움이 밀려왔다. 내가 어쩌다가 이 꼴이 됐나 싶어 눈물이 멈추지 않았다. 서러워도 울음소리가 새어 나갈까 크게 울지도 못했다. 한참을 그렇게 앉아 있다 보니 가족들 얼굴이 떠올랐다. 다시 팔아야 한다는 생각이 들었다. 이렇게 절망하고 있을 시간에 얼른 나가서 하나라도 더 팔아보자 싶었다. 미자 씨는 독했다. 아니 더 독하게 굴었다. 여자이기 전에 엄마였으니까, 그럴 수밖에 없었다. 그때나 지금이나 견딜 수 있게 해준 것은 가정이고 아들이었다. 가정을 지키기 위해 수없이 쫓겨나면서도 다시, 또다시 일어났다. 그녀의 고단한 삶도 조금씩 나아져 밝은 쪽을 향하기 시작했다.

청주시내 사람들이 복작거리는 거리로 미자 씨는 또 두 발로 나선다. 그냥 있으면 손님들이 찾아주지 않으니 소문을 내야 한다는 심산이다. 그렇게까지 하지 않아도 가게에 손님들이 줄을 서지만 그녀는 만족하지 않는다. 미자 씨는 이제 카트를 끌고 아웃렛 매장을 찾았다. 지금 미자 씨를 막아서는 사람은 아무도 없다. 10년 전에는 쫓겨 다니느라 바빴다면 지금 미자 씨는 손님들을 맞이하느라 바쁘다. 시식까지 만반의 준비를 해 오니 사람들은 미자 씨의 음식을 맛보고 지갑을 열지 않을 수가 없다. 여기에 다 미자 씨만의 노하우가 숨어 있다. 오후 3시 반에서 4시 반 사이가 매장에서 근무하는 사람들이 배고픈 시간대였다. 그래서 그 시간대를 놓치면 팔기가 힘들다. 또 배가 고픈 시간에는 다 맛있어 보이는 구매자들의 심리를 치밀하게 계산해 적시적지에 음식을 가져가는 타이밍을 발견한 것이다. 지난 세월, 수없이 쫓겨난 끝에 터득한 미자 씨 만의 영업 노하우다. 그녀 말대로 배고픈 시간에 딱딱 맞춰서 찾아오니 손님들이 얼마나 반가울까.

"수고했어요."

오후 9시가 가까워오자 미자 씨의 가게와 마주한 가게 상인들이 문을 닫고 퇴근하기 시작했다. 그즈음 미자 씨의 가게도 하루를 마감한다. 직원들을 보내고 미자 씨는 돈통부터 챙긴다. 미자 씨는 돈을 대하는 방법이 조금 독특했다. 그녀는 무심하게 돈통의 돈을 비닐봉지에 쓸어담는다. 돈은 노동의 대가이자 자신이 살아갈 터전을 되찾아준 고마운 존재지만 너무 귀하게 모시면 탈 난다는 것이 그녀의 철학이다.

　미자 씨는 돈을 대충 담아놓고 하루 일을 마친 가게를 살폈다. 기름때를 제거하고 마무리 청소를 하고 나서야 집으로 향했다. 고되지만 보람찬 하루였다. 미자 씨의 집은 그녀처럼 털털해 보였다. 독하게 아끼며 살아온 그녀의 습관이 고스란히 배어 있다. 미자 씨는 한겨울이 아니면 보일러를 잘 틀지 않는다. 하루의 피로를 따뜻한 물로 풀어도 좋으련만, 자신을 위해 뭔가를 쓰는 것이 사치스럽게만 느껴진다. 미자 씨는 화장품도 얻어놓은 샘플을 사용한다. 종일 반찬을 만드느라 불 앞에 서 있다 보니 얼굴에 뭐 하나 바를 여유도 없다. 피곤에 지친 남편이 먼저 잠들어도 미자 씨의 하루는 끝나지 않았다. 그녀는 깜빡이는 형광등 아래에 책장을 펼쳤다. 그야말로 주경야독. 하루 중 유일하게 자신만의 시간이 와도 미자 씨는 새로운 메뉴 개발을 위해 펜을 놓지 않는다.

　지금의 반찬 가게를 만들기까지 그녀의 노트에는 수없이 많은 레시피가 채워졌다. 그러다 미자 씨는 잠시 펜을 놓고 남편이 써준 연애편지를 꺼내 물끄러미 바라본다. 코를 골며 잠이 든 남편도, 억척스럽게 변한 자신도, 한때는 생기 있는 남자였고 보름달같이 아름다운 여자였으리라.

　'미자, 당신을 사랑해. 정말로 사랑해. 이 생명 다하도록 사랑해~ 내 마음 언제나 당신뿐이라오. -오빠가.'

꾹꾹 눌러쓴 볼펜 자국에 여전히 남편의 애틋한 마음이 묻어 있다. 미자 씨는 남편을 만나 참 많이도 웃고, 울었다. 그렇게 여자에서 독한 아내, 독한 엄마로 살아온 세월, 그래도 미자 씨는 그 시간이 후회스럽지 않다고 했다.

엄마, 엄마, 엄마

이른 아침 미자 씨 부부는 충북 보은의 한 시골 마을을 찾았다. 이곳은 미자 씨에게 특별한 의미가 있는 곳. 바로 미자 씨의 고향이다. 미자 씨는 친정집에 도착하자마자 아궁이에 불을 때고 남편은 장작을 팬다. 가게에서 쓰는 된장을 직접 담그기 위해 메주를 쑤려는 것이다. 미자 씨에게 장 담그기는 연례행사다. 그것도 항상 친정집 앞마당에서 해야 미자 씨의 마음이 편하다. 집안 곳곳의 소중한 기억과 그리운 맛을 장에 담아내기 위해서다.

미자 씨는 메주를 만들 때 엄마 때부터 내려오는 씨간장을 쓴다. 어머니는 손이 크고 넉넉한 분이었다. 뭘 만드시던 무조건 양을 많이, 조금은 안 하는 분이었다. 집에 오시는 손님도 많았다. 사람 끄는 집, 그게 엄마의 집이었다.

남편은 묵묵히 옆에서 장작을 팬다. 허리가 좋지 않음에도 그가 유일하게 허리를 쓰는 순간은 바로 아내를 위한 일을 할 때다. 남편은 말이 무디고 투박해도 자신의 방식으로 마음을 표현한다. 남편은 철마다 나물을 캐고 미자 씨는 계절에 맞춰 종류별로 장아찌를 담근다.

미자 씨의 친정집은 그녀의 보물창고다. 그 보물도 사실 다 손님을 위한 것이다. 하나를 팔아도 손님의 건강을 고려해서 만드는 미자 씨는 돈보다 손님을 먼저 생각하는 사람이다. 미자 씨 가게의 대표 메뉴인 웰빙 장아찌 4총사도 남편의 정성과 미자 씨의 손맛, 친정집의 고즈넉한 시간이 만들어낸 작품이다.

미자 씨는 친정집 마당에서 분주하게 콩을 삶고 메주를 쒔다. 1년치 양을 혼자 다 만들다가 콩을 절구에 찧지 않고 자루에 담아 밟는 기막힌 방법도 고안해냈다. 콩을 빻아 메주를 만드는 동안 온 정성을 기울이는 미자 씨는 꼬박 이틀의 시간을 메주를 쑤는 데 보낸다. 1년치 장사 밑천을 만들어놓는 것이다.

겨우 찾아온 휴식 시간, 아궁이에 넣었던 고구마를 꺼내 허기를 달래는 미자 씨. 메주를 쑤느라 분주했던 그녀가 친정집 평상에 앉아 편안해진다.

여자에게 친정이란 그런 곳일까? 전쟁을 치르는 병사의 얼굴에서 금세 아득한 시절의 얼굴이 아른거린다. 친정집은 힘들 때마다 그냥 차 끌고 잠깐이면 올 수 있는 거리에 있다. 겨우 40분이면 미자 씨는 이곳에서 한시름 놓을 수 있었다. 풍파가 자신을 흔들면 그녀는 와서 두세 시간이라도 앉아 있다가 가곤 했다. 마음이 편해지고, 마냥 좋아서. 예전에는 시골에 사는 게 일이 너무 많다보니 힘들었는데 지금 그녀는 자꾸 시골에 오고만 싶다. 점점 자신이 엄마와 가까워지고 있다는 생각이 든다. 몸도, 마음도, 나이도, 그녀는 엄마와 비슷해지고 있다. 불러보면 자꾸 아픈 이름. 그게 엄마다.

엄마가 가장 보고 싶은 순간은 그녀가 생과 사의 기로에 있을 때였다. 미자 씨의 목에는 짙은 흉터가 있다. 항상 에너지 넘치고 건강해 보이는 미자 씨, 그녀도 사선(死線)에 가까이 간 적이 있다. 반찬가게를 시작하고 하루도 쉬지 않고 일해온 그녀. 명절 때면 3일 밤을 새워가며 전을 부쳤다. 가족들은 저렇게 악착같이 일하다 큰일이 나는 건 아닌지 걱정스러워했다. 그러던 어느 날 미자 씨는 쓰러졌다. 겨우 살 만해졌는데, 얼마나 무리했는지 그녀의 몸이 버티지 못했다. 의사는 갑상선암 진단을 내렸다. 곧바로 수술을 맡았지만 차도가 있을지 아무도 모르는 상황이었다. 남편은 제발, 별일 없게 해달라고 빌고 또 빌었다. 미자 씨는 3일 후 정신을 차렸다.

"가게는 어떻게 됐어요?"

그녀의 첫마디였다. 기가 막힐 노릇. 그때 미자 씨의 남편은 '세상에 무슨 사람이 저런가. 내 마누라 맞나. 남자도 저렇게 못하는데, 나도 저렇게 못하는데' 하고 한숨만 지었다고 한다.

그녀의 비법 노트

미자 씨는 매일 새벽 직접 재료를 사러 시장에 나온다. 좋은 재료를 구하는 것이 좋은 음식의 시작이기 때문이다. 어느덧 10년, 미자 씨와 시장 사람들은 거의 가족처럼 지낸다. 미자 씨를 보는 사람마다 그녀가 열심히 사는 사람이라고 말한다. 미자 씨는 가난에서 벗어났어도 여전히 악착같이 살고 있다. 그것은 잃어본 사람만이 아는 돈에 대한 두려움 때문이었다. 장을 보고 가게에 도착한 미자 씨는 바로 장사 준비를 시작했다. 8시에 출근하는 직원들이 오기 전까지 미자 씨는 분주하게 움직였다. 반찬의 모든 맛이 그녀의 손끝에서 나오기 때문이다. 손맛은 그 누구도 따라 할 수 없는 것이기에 미자 씨는 한시도 안주하지 않는다. 지난 10년 한결같이 자리를 지키며 반찬을 만들었다.

미자 씨의 반찬 가게는 조미료를 쓰지 않기로 유명하다. 감칠맛을 위해 자연 조미료를 사용하고, 각종 장류도 직접 담근 것을 사용한다. 그러면 이쯤에서 그녀의 비법을 살짝 들여다보자.

첫째, 국물은 무조건 짜지 않게 간을 한다. 미자 씨는 음식의 간을 최우선으로 한다. 수많은 고객의 입맛을 한 번에 맞춘다는 것이 어디 그리 쉬울까. 특히 국물 음식은 대부분 집에 가서 한 번 더 끓여 먹기 때문에 조금 심심하게 만들어야 한다. 손님은 집으로 돌아가도 손님이다. 먹기 직전까지 손님을 배려하는 것이 첫 번째 노하우.

둘째, 식어도 부드럽게 만든다. 미자 씨는 모든 전에 밀가루 대신 빵가루를 쓴다. 역시 손님이 집에 간 뒤까지 생각한 끝에 찾아낸 비법인데, 밀가루 대신 빵가루를 사용하면 전이 식어도 식감이 훨씬 부드럽다.

셋째, 물엿 대신 조청이나 꿀을 사용한다. 대박 반찬 가게의 세 번째 비밀은 질리지 않는 단맛을 유지하는 것. 미자 씨는 단맛을 낼 때 물엿 대신 쌀로 만든 조청이나 꿀을 사용한다. 그러면 소화에도 도움이 되고 쉽게 질리지 않는다. 조청은 옛날 왕세자들도 소화제로 즐겨 드셨다고 하니 근거 있는 노하우다.

넷째, '보기 좋은 떡'을 위해 도구까지 척척!

미자 씨의 동그랑땡은 맛좋고 예쁘기로 소문났다. 보기 좋은 떡이 맛도 있는 법. 가게의 반찬은 바로 밥상에 오르기 때문에 이왕이면 모양이 균일하고 예뻐야 한다는 게 미자 씨의 철학이다. 미자 씨는 그래서 동그랑땡을 찍어내는 특수한 도구를 개발했다. 이 도구는 동그랑땡 만드는 시간을 단축하면서도 모양은 고르고 예쁘게 해 준다.

10년을 한결같이 쉬지 않고 가게를 지켜온 미자 씨는 변함없는 맛을 지키기 위해 그 누구 손에도 맡기지 않고 힘들어도 반드시 자기 손으로 억척스럽게 반찬을 만든다. 그녀를 살리고 가족을 살린 반찬이기 때문에 쉽고 편한 방법보다는 손님을 위한 그녀만의 방법을 끊임없이 개발한다. 그 지독한 노력 끝에 미자 씨는 청주에서 최고의 반찬집 사장이라는 타이틀을 거머쥘 수 있었다.

지독했던 시간이 주는 선물

화창한 어느 날 부부는 보은을 다시 찾았다. 이번에는 부부만이 아니라 아들 며느리 손자까지 동행했다. 억척스러운 그녀지만 손자 앞에서는 한없이 다정하다. "안아줘? 뭐 해줘?" 미자 씨는 억척스러운 반찬 가게 사장에서 금세 인자한 할머니가 된다. 큰아들 내외와 서울에서 사는 작은아들까지 미자 씨네 식구들이 모두 그녀의 친정집으로 모였다. 늘 바쁜 엄마 때문에 모이기 쉽지 않은 가족들이지만 특별히 둘째 아들의 생일을 축하하기 위해 시간을 냈다. 생일의 주인공보다 더 행복해 보이는 가족들의 모습, 미자 씨는 더없이 행복하다. 지난 15년 험난한 세월을 뚫고 모두 평안한 얼굴로 모이기를 누구보다도 바라왔기 때문이다. 10년 전만 해도 이런 여유는 그녀의 삶에 다시는 없을 줄 알았더랬다. 가족이 한자리에 모여 케이크에 촛불을 켜는 것도 4년 전부터였다.

생일 파티 자리에서 남편이 슬그머니 미자 씨를 불러냈다. 남편이 미자 씨를 이끈 곳은 미자 씨의 친정집 옆에 있는 빈집이었다.

"이 집을 샀어. 당신한테 황토 흙으로 근사한 집을 지어서 선물할 계획이야."

남편은 허물어져 가는 빈집을 가리키며 말했다. 남편이 준비한 깜짝 선물이다. 7누가 그랬던가? 인생은 조금 고약하게 쓰인 괜찮은 연극이라고. 지금 이 순간 미자 씨의 인생에서 모든 갈등을 끝났다. 이제 환한 결말을 맞이하고 환호하는 관객에게 감사의 인사를 드릴 일만 남았다. 그건 미자 씨가, 한 남자의 아내가 그리고 아이들의 엄마가 강했기 때문에 가능한 결말이다. 과묵한 남편은 그 어느 때보다 말이 많아졌다. 그림까지 그려가면서 열심히 미자 씨에게 새로 지을 집에 대해 설명했다.

"왜 집을 지어줘요?"

"그, 그 뭐시냐. 그동안의 미안한 마음을 갚겠다는 거야."

남편은 참 열심히 살아온 고마운 아내를 위해 자신이 할 수 있는 것은 무엇이든 해주고 싶다. 그런 마음은 미자 씨도 마찬가지.

"여보. 내가 생각해도 나는 진짜 한눈 안 팔고 열심히 살았던 것 같아."

여자는 약해도 엄마는 강하다고 했던가? 미자 씨는 지금까지 자신보다 가족을 먼저 생각하며 살아왔다. 이제 인생의 후반부 아름다운 결말을 남겨놓은 배우처럼 그녀는 겨우 찾아온 뭉근한 행복감을 느꼈다. 그때 남편이 한마디 더 한다.

"수고했다, 미자야."

미자 씨의 반찬 가게는 내일도 문을 열 것이다. 모레도 글피도 열 것이다. 황홀한 반찬 냄새를 풍기며 사람들의 발걸음을 잡아 세우고, 시장 상인들의 허한 속을 달래줄 것이다. 지난 10년간 그랬듯, 미자 씨는 앞으로도 계속 이른 새벽부터 혼자 반찬을 만들고 직원들을 맞이할 것이다. 반찬 가게를 시작한 지 10년. 그녀는 억척스럽고 지독하다는 말을 숱하게 들어왔다. 잠도 못 자고, 생사를 넘나들며 보낸 10년의 세월이 그녀에게 연 매출 10억 원이 넘는 부(富)와 더불어 가족과 함께하는 보석 같은 시간을 선물했다. 그래서 그녀는 누구보다 부자다.

갑부의 비밀 사전 •

청주 반찬 가게 미자 씨의
시장 바닥 성공 비법

1 시장 바닥에서는 약속이 생명이다

허미자 사장의 첫 번째 원칙. 고객과의 약속 엄수! 시간 약속을 꼭 지키는 가게, 반품이 가능한 반찬 가게, 화학조미료를 쓰지 않는 가게, 1인분도 배달해주는 가게 등 손님에게 약속한 것들을 깨뜨리지 않아야 신뢰도가 높아지고, 높아진 신뢰도는 곧 매출로 연결된다. 이 약속을 지키기 위해 허미자 사장은 명절을 앞두고 3일을 꼬박 전을 부쳤으며 갑상선 암 수술 후 3일 만에 가게로 돌아오기도 했다.

2 시장이라고 좌판 영업만 있는 게 아니다. 찾아가는 서비스!

영업은 사장이 직접 뛴다. 시장이라고 좌판 서비스만 하는 것이 아니다. 가만히 있으면서 장사가 안 된다고 하소연하는 것은 손 안 대고 코 푸는 격. 미자 씨는 10년째 꾸준히 명함을 돌리고, 단골들이 있는 곳에 직접 반찬을 들고 나가서 판매한다. 한두 번 쫓겨나더라도 계속 찾아가 가게를 알리는 것이 중요하다.

3 성공의 밑천. 기본 양념만큼은 하늘이 두 쪽 나도 직접 챙긴다

시장을 찾는 손님들은 대부분 연령대가 높고 입맛이 까다로운 편이다. 맛이 바뀌면 손님들은 단번에 알아채고 발길을 돌린다. 그래서 미자 씨는 어떠한 일이 있어도 음식의 기본 양념은 누구에게도 맡기지 않고 직접 한다.

4 반찬 가게라고 반찬만 팔아야 하나

손님을 한 명이라도 더 끌기 위해 수단과 방법을 가리지 않는다. 반찬 가게라고 반찬만 만들어 팔라는 법은 없다. 특히 시장을 찾는 손님은 한 가지 상품만 사려고 나오지 않는다. 구매 계획이 없더라도, 괜찮다 싶으면 다른 상품도 구입한다. 특히 간단한 먹을거리는 시장을 찾는 손님들에게 큰 기쁨이다. 이런 손님들에게 팥죽, 호박죽, 김밥, 만두 등 각종 먹을거리도 함께 판매해 발길을 붙잡는다.

에필로그 •

부자 바이러스

　서민갑부들은 우리에게 자신의 삶을 이야기하면서 큰 것을 탐하기보다 작은 것을 감사하게 생각한다면 언젠가는 부자가 될 수 있다는 희망을 줬습니다. 그들은 작은 것에서 출발해도 불평하지 않았고, 순간순간 떠오르는 번뜩이는 아이디어들을 구체적으로 현실화하면서도 큰 욕심 없이 자신 앞에 주어진 일을 묵묵히 해냈습니다. 영국의 대문호 셰익스피어는 험한 언덕에 오르려면 처음에는 천천히 걸어야 한다고 말했습니다. 눈앞의 성과에 일희일비하기보다는 여유를 가지고 천천히 주변을 살피는 지혜가 필요하다는 말입니다.

　비록 현실이 갑갑하고 힘겹더라도 조금씩 천천히 앞으로 나아가다 보면 곧 밝은 내일이 찾아옵니다. 용문산 산더덕 농장의 조남상 씨는 28억 원이라는 큰 빚을 짊어지고서도 젊은 시절의 실패를 교훈 삼아 현재의 삶을 이뤄냈습니다. 인제의 최양희 김재식 씨 부부, 원주의 권태중 김선녀 씨 부부도 그랬습니다. 장애를 이겨내고, 자식을 먼저 보낸 아픔을 겪으면서도 그들은 앞으로 나아가는 것을 멈추지 않았습니다. 〈서민갑부〉에 소개된 사연들은 사랑하는 가족, 주변 사람들을 위해 물질적인 부와 정신적인 부를 함께 이뤄낸 이야기입니다. 이런 의미에서 그들은 진정한 부자입니다. 사연은 제각기 다 다르지만 서민갑부들은 그들이 살아온 삶 속에서 건져 올린 반짝이는 지혜를 우리에게 던져줍니다.

  오늘도 서민갑부들은 시장에서, 공장에서 좁은 사무실에서 더 나은 삶을 위해 노력하고 있습니다. 건강한 미래를 설계하고 가진 것이 아무것도 없어도 이 시대를 성실하게 살아가는 우리의 삶과 크게 다르지 않습니다. 부자가 되는 방법은 아주 쉽습니다. 지금 이 순

서민갑부

간 어떤 마음가짐을 하느냐에 따라 당신은 부자가 될 수도 있습니다. 서민갑부들은 자신의 삶 속에서 수없이 다진 마음을 강조해서 이야기했습니다. 이는 우리가 귀기울여 들어야 할 말입니다. 결심하고 추진력을 발휘해서 일을 이루어내는 것이 생각보다 쉽지 않기 때문입니다. 모든 것은 마음먹기에서 시작한다는 말이 있습니다. 이 말처럼 열망하는 것을 구체화하고 실행해가는 서민갑부들의 삶의 에너지가 부자 바이러스가 되어 이 땅에 많은 사람에게 전파되기 바랍니다.

서민갑부

1판 1쇄 발행 2015년 6월 1일 | 1판 5쇄 발행 2024년 2월 26일

지은이 채널A 〈독한인생 서민갑부〉 제작팀

펴낸곳 동아일보사 | **등록** 1968.11.9(1-75) | **주소** 서울시 서대문구 충정로 29(03737)
문의 02-361-1080 | **팩스** 02-361-0979
인쇄 중앙문화인쇄사

저작권 ⓒ 2015 채널A 〈독한인생 서민갑부〉 제작팀
편집저작권 ⓒ 2015 동아일보사
이 책은 저작권법에 의해 보호받는 저작물입니다.
저자와 동아일보사의 서면 허락 없이 내용의 일부를 인용하거나 발췌하는 것을 금합니다.
제본, 인쇄가 잘못되거나 파손된 책은 구입하신 곳에서 교환해드립니다.

ISBN 979-11-85711-62-1 13320 | **값** 14,800원